結局、コミュ力の高い人がすべてを手に入れる

戦略的タメ口《ぐち》

明治大学法学部教授
堀田秀吾

WAVE出版

はじめに

距離感を縮める魔法のことば「タメロ」

恋愛、仕事、友人関係、近所付き合いなど、人付き合いにおける失敗の多くは、「コミュニケーションで距離感をうまく取れなかったこと」が原因となっているケースが、かなりの割合を占めることに気づいていますか？

・面接の際、緊張のあまり、自分をうまく出せなかった。
・好意がある異性に積極的に会いに行きすぎて、ストーカー行為とみなされてしまった。
・上司のプライベートな話題に踏み込みすぎて、不快感を与えてしまった。
・新しい職場の同僚に親しさを求めて違和感を持たれてしまった。
・恋人とデートの度に長時間一緒にいたため、束縛されている感じを与えてしまった。
・友人関係を深めたくて、頻繁に連絡を取りすぎて、避けられるようになってしまった。

・近所付き合いで、相手の家庭の事情に踏み込みすぎて関係が悪化した。
・初対面の人に過剰な興味を示し、相手を圧迫してしまった。
・恋人とケンカした後、すぐに仲直りを求めすぎて、煙たがられた。

パッと例を挙げてもこんなにありますが、こういったケースは、適切な距離感をつくり出すことで解決できる問題です。

距離感をつくり出していくために必要なのはコミュニケーション。そして、そのコミュニケーションの中心的役割を果たしていくのが「ことば」です。

そして、**この本でフィーチャーしていくのが「タメ口」**です。

タメ口は、みなさんにとってのくだけたことばであり、素のことばであり、普段着ことばであり、すっぴんのことばです。ややもすれば、失礼にあたる社会的に立場が違う人間同士のコミュニケーションにおけるタメ口も、**上手に使えば、会話に彩りを与え、相手との距離感を調節する武器にもなる魔法のことば**となります。そんなことばのチカラを、言語学者の視点から学ぶことで、人間関係がガラリと変わるかもしれません。

コミュニケーションのことばに関する本は数あれど、ことばの分析の専門家である、言語学者によって著された一般向けの書籍は意外に少ないものです。そして、ことばを中心としたコミュニケーションで距離感を調節する方法に特化して書かれた本はあまりありませんでした。

本書では、**「ことばでつくり出す人間関係の距離感」**に関して、心理言語学を専門とする筆者が、世界中の言語学、心理学、脳科学などの研究を紹介しながら考察し、読者のみなさんが**今より自信を持って、戦略的に上手にコミュニケーションが取れるようになる方法**をお伝えしていきます。

言語学×心理学×脳科学で、コミュニケーションを学ぶ

言語学というと、ことばの用例に詳しかったり、難しいことばを知っていたり、古文や堅苦しい文法を勉強する学問というイメージをお持ちかもしれませんが、実は言語学、特に筆者が専門のひとつとしている理論言語学は、人間がことばを話し、理解するメカ

ニズムを科学的に解明することを目指す学問です。

人間関係の距離感というのは心理的な話でもあります。そのため、人間の心の動きに関する知識も必要です。ことばが人間の心とつながっている現象ですから、言語学は心理学とも親和性が高い学問です。現代言語学の父と呼ばれる20世紀最高の言語学者、ノウム・チョムスキー（マサチューセッツ工科大学教授）も、言語学は心理学の一部であると明言しています。

ことばにしても、心理にしても、その機能の源泉となるのは脳の働きです。ですから、脳の働きを調査することも、コミュニケーションに関わるいろいろな現象を検討する上で重要な役割を担ってくれます。そのため本書では、言語学と心理学以外にも、脳科学を含めた世界中の多彩な分野の研究を取り入れた方略も紹介していきます。

筆者について

筆者は、言語学を中心に、心理学、脳科学、社会学、行動経済学、法学など、さまざまな知見を融合して研究活動をする研究者です。研究対象としては、法の世界におけるコミュニケーションとその影響を中心に、人間の行動原理やウェルビーイングなどに関心があります。理論研究から脳波測定器を使った実験まで、あらゆる研究方法で現象の解明に臨んでいます。

こういった研究を通して得た知見と情報収集の技術をもとに、司法コミュニケーションから科学的に元気になる方法、そして科学的に運気を上げる技術など、非常に多様なテーマで、専門書から一般書まで国内外で60冊以上出版しています。

人間関係をつくっていく上で最も重要なのはコミュニケーション。そのコミュニケーションのツールとして最も身近で有用な「ことば」に焦点を当てて、諸学問の知見を集めてまとめあげたのが本書です。

筆者は三度の飯よりもことばの話が好きな、自他共に認めることばオタク。そんな筆者と、ことばのチカラを探求する旅に一緒に出かけましょう。

堀田秀吾

戦略的タメロ　結局、コミュ力の高い人がすべてを手に入れる
Contents

はじめに …… 2

第1章
戦略的なタメロ、戦略的な敬語を解剖する

なぜ、私たちは敬語を使うのか? …… 18
▼敬語を使って得られる3つの効果 …… 18
▼敬語は、相手に配慮を示す絶好のことば …… 20
丁寧なことばの共通点 …… 23
▼英語に「敬語」はない? …… 23
▼ファミレス言葉「よろしかったでしょうか?」 …… 25
▼アメリカ人は、なぜフレンドリーに接してくるのか? …… 27
言語学で敬語を解剖する …… 30
▼敬語は、目上の人にだけ使うもの? …… 30
▼尊敬語・謙譲語・丁寧語の違い …… 33
▼理論言語学流、尊敬語と謙譲語の見分け方 …… 34
▼謙譲語もどき「卒業させていただく」 …… 36
なぜ、大人になるとタメロが使いづらくなるのか? …… 39
▼日本の文化的価値観がタメロを抑制する …… 39
▼タメロは未熟な印象を与えてしまう …… 40

第2章

戦略的タメロの使い方

▼小学生と大人のコミュニケーションの違い……42
▼ことばの熟練度でわかる、SNSの使い方……43

言語学でタメロを解剖する……45
▼なわばり関係を表す「WEコード」「THEYコード」……45
▼元来のWEコードとTHEYコードの定義……47
▼WEコードとTHEYコードの切り替え効果……49
▼親しみを感じて好印象に！　タメロと敬語のコード・スイッチング……51

タメロの効果効能……58
▼タメロで、ことばのなわばりに一歩踏み込む……58
▼感情をタメロで伝えると、好感度が上がる……60

タメロをうまく使うコツと注意点……65
▼人は「有標」に惹き付けられる……65
▼コードの違いと言語の相対性……68
▼自然なタメロが成立する土俵……70
▼コミュ力向上に欠かせない4つのルール……73
▼実践！　コミュ力が爆上がりする、タメロのツッコミ……74
▼遠慮を越えたところにある爆発的な笑い……76

質問をタメ口にするのは、ハードルが高い……78
質問は、自問・感想であれば自然なタメ口になる……79
終助詞を使って距離を縮める方法……81
「くん」「ちゃん」「さん」に変わる新たな呼称……83
距離が縮まるタメ口敬語の使い方……85
敬語を使いながらフレンドリーに話すスキル……85
新敬語「〇〇っす」を使って相手との距離を縮める……88
堅苦しさを感じさせない「大人のタメ口」……89
堅めのコード・スイッチングで好印象……91
親しき仲にも「敬意」ありで挑むタメ口の世界……92

第3章 タメ口への抵抗感を取り除く方法

タメ口に対する抵抗感……96
タメ口は緊張を生み出す……96
一定数のアンチタメ口勢が存在する……97
タメ口に対する心のブロックの正体……98
タメ口がバカにされていると感じてしまう理由……101
タメ口が相手の自尊心を脅かす……103

第4章

タメロで話しやすくなる環境のつくり方

相手を理解して、タメロを受け入れる……104
▼ことば遣いとパーソナリティー診断……104
▼大人になってもタメロキャラの人の心理……106
▼逆に、敬語が使えない人がいる……110
▼敬語が嫌いな人もいる……111
▼タメロで失礼に見える人、失礼に見えない人……112
自分の心にあるブロックを壊す……116
▼心のブロックの外し方1　経験を積む……116
▼心のブロックの外し方2　脳を騙す……117
タメロの環境づくりは自己開示から……120
▼自己開示は相手との心の距離を縮める……120
▼自己開示の出発点は自分を肯定的に捉えること……124
▼開示の量は5割が理想……125
自己開示をしやすくなる心の仕組み……126
▼ミラーニューロンの働きで、感情的なつながりを深める……126
▼人の性格や傾向で、相手に染まりやすい人……128

見た目を利用して自己開示する方法……130
▼髪を好きな色に染めれば、タメ口が使いやすくなる!?……130
▼見た目のとっつきにくさを活かして、タメ口で一気に仲良くなる……132
相手を知って、タメ口を使う……136
▼タメ口を受け取る相手の心境を知る……136
相手の心をほぐす方法……140
▼欠点や弱みが突破口……140
▼誰も傷つけない、自分へのタメ口のツッコミ……142
▼うなずきと相づちで心理的安全性をつくる……143
▼ノンバーバルで見せるリスペクト……145
▼7割のアイコンタクトで心地よい環境をつくる……146

第5章 実践! 職場での戦略的タメ口

誰もが快適! 安心安全な職場のつくり方……150
▼相手との関係性や心の距離感を理解する……150
▼「言語行為」にあたる注意は、あえて丁寧に……151
▼職場のタメ口環境と心理的安全性……152

オフィスの形がコミュニケーションを活発にする……153
▼リラックスできる環境とフラットな組織構造……153
▼オープンスペースや服装で、ことば遣いがカジュアルに……154
複雑化する社内のコミュニケーション……156
▼年下リーダー vs 年上部下の関係性で悩む人が続出……156
▼ことば遣いで悩む前に、考えるべきこと……157
▼年下上司から年上部下へのことば遣い……158
▼タメ口は「いつから」ではなく、「場面別に」切り替える……160
▼アサーションで好印象！ 年上部下への指示の出し方……161
▼年下からのタメ口を受け付けない人もいる……163
さらに複雑化する、立場逆転の関係性……165
▼年上の元上司が自分の部下になった場合……165
▼年下の元部下が自分の上司になった場合……166
▼相手が年配者でも、タメ口が必要な職場がある……168
職場でのタメ口でトラブル発生……170
▼性別が異なる場合は注意が必要……170
▼先輩の家族から指摘を受けた例……171
▼オーディエンス・デザインを取り入れて、トラブルを回避……172
▼タメ口がパワハラになることもある……174

Contents

第6章 実践！ 男女の戦略的タメロ

恋愛・婚活で相手との距離を縮める……178
▼婚活や恋愛のはじまりでタメロ需要は多い……178
▼敬語は、親密さや信頼感に対して障害になる……180
▼ポジティブ・フェイスとネガティブ・フェイス……181
▼あなたと仲良くなりたい人は、敬語で話されるとがっかりする……182
▼ポジティブ・フェイスとネガティブ・フェイスが逆転する瞬間……184
タメロの使い方に男女差がある？……186
▼脳科学から見る、男女のことば遣い……186
▼進化心理学で読み解く、女性がタメロになりやすい理由……189
▼進化心理学で見る、距離を近づける類似性と相補性……190
脳科学で読み解く、男女のことばの認識……192
▼女性のことばを処理できない男性……192
▼盛って伝える女性のタメロに注意……194
多様な意味がある、女性のことば……197
▼女性の「モテるでしょ?」は解読不可能!?……197
▼女性の「モテるでしょ?」へのベストな返答……199
▼「かわいい」の3つの用法……200

タメロに誘導するコツ……202
▼恋の発展段階では、男性のタメロ率が高い……202
▼女性は思い切ってタメロを受け入れてみよう……204
タメロで話しやすくなる心理的距離の近づけ方……206
▼笑顔で相手のなわばりに入る……206
▼タメロが自然に出やすくなる座る角度……208
あざといタメロスキル……212
▼女性の訛りは効果絶大……212
▼「方言コスプレ」で、自分を装う……214
▼キャラになりきってタメロを使ってみる……217

第7章

世代間ギャップを埋めるメッセージの送り方

メッセージで距離を縮める方法……220
▼メッセージでタメロを使ってみる……220
▼スタンプにタメロを代弁してもらう……221
▼メッセージで行われるコード・スイッチング……222

メッセージ上の世代間ギャップとタメロ …… 223
▼絵文字の多用はNG …… 223
▼「!」は無言のプレッシャーを生み出す …… 225
▼「!」の多用を避けて、心の距離を調節する …… 226
▼句点をつけないメッセージが好まれる理由 …… 227
▼句点は冷たい印象を与える …… 228
▼年上が年下に「それな!」と送られても悪い気はしない? …… 230
特別コラム　ことばのプロファイリング …… 233
おわりに …… 236
参考文献 …… 238

第1章

戦略的なタメロ、戦略的な敬語を解剖する

なぜ、私たちは敬語を使うのか？

敬語を使って得られる3つの効果

タメ口の効果について説明する前に、**まずはその対極にある敬語の正体**を明らかにしたいと思います。これを知ることで、タメ口について、より深い理解が得られます。

そもそも、なぜ日本語では敬語を使うのか？　そんな疑問を抱いたことがある人も少なくないはずです。その疑問に答えるために、敬語を使うことで得られる効果、敬語の働きを考えてみましょう。

①社会的階層の表現

敬語は、相手との社会的な関係や階層を示すために使用されます。年上、上司、先生など、相手の社会的立場が自分より上であること、**敬う対象であることを示すために**用います。

敬語を使うことで、相手と自分の社会的関係性を示し、話し手がその関係性を理解・

意識していることが表現できるわけです。そのため、**敬語を使わない人は、（上下）関係がわかっていない、気遣いが足りない、生意気**などと思われてしまいがちです。

②コミュニケーションの円滑化

適切な敬語を使うことで、相手に対する配慮や尊重を示すことができ、敬語が信頼関係を築く有効な手段となります。敬語を使うことは、相手に丁寧に接しようとする気持ちの表れです。

人の心理には、好意的に接してくる相手には好意的に接し返そうとする、いわゆる「好意の返報性」という原理があります。**敬語は、相手に対して配慮していることの表れなので、好意的な行動**と捉えられます。結果、コミュニケーションが円滑になり、信頼関係も生まれてくるようになるのです。

③**教養・素養があることの証明**

日本の社会では、敬語を使うことが社会的なルールとして定着しています。例えば、公の場では、敬語を使うことが標準とされています。敬語を適切に使用することが社会として求められ、**教養と素養の証**とされたり、**社会的なマナーや礼儀として重要視**されたりしています。敬語をきちんと使えないと、ときにその人の印象や評価を下げることにつながってしまいます。

このように、社会人にとって、なくてはならないコミュニケーション・ツールの敬語には、単に礼儀正しさを示すだけでなく、**相手との距離感を調整し、人間関係を円滑にするチカラ**があります。また、敬語を使うことで感情的な対立を避けたり、冷静に対応できたりする効果があり、ビジネスの場では信頼を高めることに一役買います。

敬語は、相手に配慮を示す絶好のことば

本書では、特に敬語の**①社会的階層の表現**と、**②コミュニケーションの円滑化**の働きに着目します。これらの敬語の働きは、簡単にいうと、**相手に配慮していることを示すもの**です。

では、なぜ敬語を使うことが配慮を示していることになるかというと、敬語は表現が複雑だからです。敬語を使うためには一定の教養・素養・知識が必要になります。

そして、敬語は構造的にも複雑です。例えば大抵の場合、「いいよ」→「いいですよ」のように、敬語の方がことばが長くなります。つまり、**より多くの労力をかけなければ使えないことば**なのです。敬語は、ちゃんと使えるようになるまでに非常に長い時間がかかります。そのため、子供や教養・訓練が十分でない人には上手に扱えません。技術・技能が必要なことばです。その意味でも労力が必要なのです。

「わざわざ」相手のために、そのような大変な労力がかかることばを、苦労をいとわずに使うわけですから、それは**相手のことをどうでもいい人と思っていないという証明**になります。私たちは、いつもそんなことを意識しながらことばを話したり聞いたりしているわけではないのですが、もともと敬語というものは、そのような原理で発達してきました。

実は敬語に限らず、丁寧な表現というのは、必ず「労力の投資」と結びついています。

そのため、**複雑なほど丁寧になる**という側面があります。

例えば、

・**すごく嬉しい。**

・**とても嬉しいです。**

・**非常に嬉しく思います。**

・**大変嬉しく存じます。**

いかがでしょう。左にいくほど文が複雑になり、単語の難度も増します。文が複雑になればなるほど、丁寧さの度合いも上がることがわかると思います。

そして、後半の2つの例では、「思います」や「存じます」を加えることで、複文になっています。複文は、少々間接的な表現になります。**実は、間接的になればなるほど丁寧な、配慮に富んだ表現になる**のです。

丁寧なことばの共通点

英語に「敬語」はない？

真偽のほどはともかくとして、しばしば「英語には敬語がない」という話を耳にします。日本語の尊敬語・謙譲語のような体系は存在しないものの、英語にも相手に配慮した丁寧な言い方は存在します。

次のページの図１に登場する７つの英文は、すべて「手伝って」とお願いをする文です。丁寧度合いと文の単語の数を比べてみましょう。図１の下に行くほど文の構成が複雑になっており、丁寧度合いも上がっていきます。一体なぜでしょうか？

理由は、複雑な文は労力を使う表現だからです。英語も**「相手とのコミュニケーションにより多くの労力を割く＝相手への配慮の表れ」**ということになるわけです。

図1 丁寧度合いと文章の長さの相互関係

※「助けて」と伝える表現

例文	文法
Help me with this.	命令形
Please help me with this.	Please + 命令形
Can you help me with this?	疑問文
Could you help me with this?	疑問文 + 過去形
I wonder if you can kindly help me with this.	間接疑問文
I wondered if you could kindly help me with this.	間接疑問文+過去形
I was wondering if you could kindly help me with this.	間接疑問文+過去進行形

弱
丁寧度合い
強

実は世界中の多くの言語で、このような「丁寧表現ほど長く複雑になる」という現象が観察されます。つまり、英語と日本語も、丁寧表現の根本的な原理が全く同じなのです。

ところで、図1で示した英語表現の場合、過去形の方が丁寧になっていますが、どうしてでしょうか？　これは日本語における「ファミレス言葉」と呼ばれる表現とも共通する原理です。「ファミレス言葉」については、次の項で詳しく説明します。

ファミレス言葉「よろしかったでしょうか?」

通称**「ファミレス言葉」**と呼ばれる現象があります。ファミリーレストランやコンビニエンスストアでよく使われる**「よろしかったでしょうか?」**のような確認の表現で、１９９０年代後半くらいから使われ出したとされています。

それまでの標準的な言い方としては、「よろしいでしょうか?」のように現在時制で表現されていたものが、「よろしかったでしょうか」と**過去形を使って表現**されるようになりました。それに違和感を抱く人が多くいたため、メディアでも言語学の世界でも取り上げられることが増えました。

先ほど説明した英語の例でも、**現在形より過去形の方が丁寧な表現となる**と述べました。ファミレス言葉も、英語の過去形を用いた丁寧表現も、心理言語学的にはまったく同じ原理で説明できます。

現在形を使って、相手に何かの反応を要求する表現は、ある意味とても直接的です。しかし、**過去形にすることによって、現在の世界から過去の世界へと心理的に少し遠いところに空間を飛ばす**ことができます。過去を介することによって、間接的に、そして遠回しな言い方になるので、**直接的な現在形を使った表現よりも丁寧さが生まれる**ということになります。

このファミレス言葉も、以前はかなり違和感を覚えた人が多かったようですが、現在ではかなり日本語のなかに定着してきた印象があります。ただ、一時期は「日本語の乱れ」のように捉えられたことも事実です。

しかし、ことばは生き物ですから、変わっていくものです。しかもファミレス言葉はわざと違和感を創出し、これまでの表現との違いを明確にして斬新さを演出する「流行り言葉」とは違い、心理的な作用や**過去形に備わる機能から自然発生的に生まれたもの**。間違いでも乱れでもありません。新しいものに違和感を抱くのは「古参」の人たちにとっての常でもあります。ですから、ファミレス言葉は嘆くべきものではなく、むしろ応用形として用法の広がりを称賛すべきものなのです。

こういった丁寧表現がつくられる原理を知ると、私たちは、普段から**ことばで他人と心の距離感を調節している**ことがよくわかると思います。いわゆる敬語だけではなく、このようにいろいろな方法があるのです。

アメリカ人は、なぜフレンドリーに接してくるのか？

ところで、せっかく日本語と英語の表現の話になったので、ついでにお話ししておきたいことがあります。

POLITE《ポライト》という英単語は、よく「丁寧」と訳されますが、実はニュアンスが少し違います。POLITE の名詞形であるPOLITENESS《ポライトネス》は、言語学のなかでもとても重要な概念で、多くの研究者によって研究されてきています。ちなみに、POLITENESSは「配慮（表現）」という訳語が用いられることが多いです。

日本では、相手に配慮した典型的な形式が敬語であり、丁寧表現です。しかし、アメリカ文化では違います。アメリカで英語の母語話者を対象にした、英語のPOLITEという単語から連想することばを調査した結果では、FRIENDLY《フレンドリー》「親しみのある」ということばも出てきたそうです。

アメリカ人は、初対面でもとてもフレンドリーに接してきます。お店に入っても、「Hi! How are you doing today, my friend?」のように、初対面の店員さんがまるで友達のように接してくるので、ちょっと面食らったりします。これは実は、アメリカ文化においては、**相手にフレンドリーに接することこそが相手への配慮**となるからなのです。

一方日本では、少し距離を置いて相手をうやうやしく扱うことこそ配慮だと捉えられます。そのため、敬語のように距離を置くことばの方が相手に配慮したことばとなるわけです。

心理的な「なわばり」という考え方を使うと、相手のなわばりに入らないようにするのが日本における相手への配慮で、相手のなわばりに入ってフレンドリーに接するのがアメリカ流の配慮です。

もともと単一民族に近く、集団主義の日本では、自分と他人のなわばりの境界線があいまいで、基本的にコミュニティーの人間とは近い関係ですから、基本は自分のなわばりのなかにいる人と接することが多くなります。となると、あえて**なわばりの外にいる人のように扱うことが「特別扱い」**になり、相手に対する心配りになります。

多様な人種・国籍の人たちが集まっている、かつ個人主義なアメリカでは、一般的には自分と周りの境界線がきっちりしていて、他人は自分のなわばりの外にいるのが基本です。そのため、**フレンドリーに自分のなわばりのなかにいる人のように扱うのが「特別扱い」**になり、相手への配慮になります。

日米のお店の店員さんの接し方が違う理由が見えてきましたね！

言語学で敬語を解剖する

敬語は、目上の人にだけ使うもの？

さて、敬語といえば、目上の人との会話に使うというイメージが強いことから、その使い分けが「階級」や「地位」などと結び付けられて考えられがちです。しかし、本当はそんなことはありません。**敬語の使い方にはもっと広がりがあります。**これを少し学術的な視点から説明してみましょう。

まず、敬語の本来の役割を理解するために、日本語のコミュニケーション文化について考えてみます。日本の文化では、他者との関係を大切にし、調和を保つことが重視されます。その一環として、敬語を使うことが相手への敬意や配慮を表すための重要な方略となっています。

敬語の使い方には、次のような目的があります。

図2　敬語を使う目的

①相手への敬意を示す

目上の人だけでなく、初対面の人や、あまり親しくない人と話す場合にも敬語を使うことで、相手に対する尊重や敬意を示します。

②人間関係の調整

ビジネスシーンや日常生活のさまざまな場面で敬語を使うことで、適切な距離感を保ち、円滑なコミュニケーションを促進します。

③状況に応じた適応

敬語を場面や状況に応じて使い分けることで、相手との関係性やその場の雰囲気を反映することができます。例えば、友人同士でも、改まった場面では敬語を使うことがあります。

学術的に見ると、敬語の使用は、単に社会的な階級を示すためのものではなく、むしろ**相手との関係性やコミュニケーションの質を高めるためのもの**です。敬語は、社会的なつながりや調和を保つための「ツール」として機能しています。そこには文化的な価値観が反映されており、敬語が「規範的なことば」「良いことば」として認識されているからこそ成立する機能なのです。

また、敬語の使い方は時代や社会の変化とともに変わってきました。現代では、ビジネスシーンだけでなく、日常生活でも敬語が柔軟に使われるようになり、その使い方も多様化しています。これにより、敬語は単なる「目上の人に対することば遣い」ではなく、**コミュニケーションの一環**として自然に取り入れられるようになっています。

つまり、敬語は「階級」を示すためのものではなく、むしろ**相手への尊重や配慮を表現するための大切な手段であり、人間関係を円滑にするためのツール**として機能しているのです。これを理解することで、敬語の本来の価値を再認識し、もっと自然に使いこなせるようになるかもしれません。

尊敬語・謙譲語・丁寧語の違い

中学校や高校の授業で、敬語の基礎として「尊敬語」や「謙譲語」の違いを学んだ際、ややこしい説明で頭がこんがらがって、結局どっちがどっちかよくわからなかった……。という嫌な思い出はありませんか？　また、敬語に対して苦手意識を持っている方も少なくないと思います。

現代の言語学では、学校で習うような文法には反映されていないのですが、これらの敬語の区別をわかりやすい方法で説明しています。

その方法を伝える前に、まずは、みなさんに馴染みの深い「尊敬語」「謙譲語」「丁寧語」の区別からおさらいしていきましょう。

・尊敬語…相手を尊敬して敬うためのことば。例えば「お〜になる」「ご〜ください」などが該当します。

・謙譲語…自分を謙遜して謙虚に表現するためのことば。例えば「お／ご〜する」「拝見する」などが該当します。
・丁寧語…一般的な丁寧な表現。例えば「です・ます調」や「お〜します」などが該当します。

このような説明だと、尊敬語と謙譲語の違いがわかりにくくはないでしょうか? 実は、私もこれらの区別がよく理解できず、諦めたクチでした。

理論言語学流、尊敬語と謙譲語の見分け方

言語学のなかに「理論言語学」という分野があります。理論言語学は、人がことばを話し、ことばを理解するメカニズム、根本原理を理論的に解明することを目指した学問分野のことです。

理論言語学では、約50年も前に、尊敬語と謙譲語に対する新しい区別の仕方が提案されています。簡単にいうと、**主語**にあたる要素に**敬意の対象となる人が含まれていると**

尊敬語になり、**目的語**にあたる要素に**敬意の対象となる人が含まれていると謙譲語**になります。

例えば、「**先生が**お帰りになる」は尊敬語になりますが、「**弟が**お帰りになる」は、尊敬語ではありません。**主語が「先生」**だと敬意の対象なので尊敬語が使えますが、主語が「弟」だと、通常は敬意の対象にならないので尊敬語になりえないわけです。

謙譲語の場合も同様です。「私が**先生に**お話しする」「私が**先生を**ご案内する」は謙譲語になりますが、「私が**後輩に**お話しする」「私が**後輩を**ご案内する」という表現は、謙譲語として成り立ちません。目的語の**「先生」は敬意の対象**ですが、**通常「後輩」は敬意の対象ではない**からです。ちなみに目的語が間接目的語（「先生に」にあたる要素）であっても、直接目的語（「先生を」にあたる要素）であっても、このルー

図３　尊敬語と謙譲語の見分け方

先生がお帰りになる……尊敬語
（主語：先生が）

私が先生にお話する……謙譲語
（（間接）目的語：先生に）

私が先生をご案内する……謙譲語
（（直接）目的語：先生を）

ルは適用されます。

英語など、西洋の言語の文法を学んで主語や目的語が区別できる方であれば、これらの区別の仕方の方が明確だと思います。これでもう尊敬語や謙譲語は怖くありませんね。

余談ですが、この原理を提案したのは、当時まだ東京大学の大学生だった、故・原田信一という、後に希代の言語学者と称されるまでになった人物です。原田はこれを卒業論文として書き、その英語論文が書籍に掲載され、世界中の日本語学の研究者に読まれました。おそらく、言語学の世界で最も読まれた学部生の卒業論文ではないかといわれています。

謙譲語もどき「卒業させていただく」

最近、「卒業させていただく」「お話しさせていただく」のような表現をよく聞くことがありますが、違和感を覚える人も多いのではないでしょうか。**本来「させていただく」**

は、話し手が自分の行動を相手の許可を得て行うことを示す謙譲表現です。例えば、「お手伝いさせていただきます」という場合、**手伝いが相手の承認を前提としていることを表しています**。このような「新しい」表現は、相手への敬意や配慮を込めるものとして、特にビジネスやフォーマルな場面で広く使われています。

しかし、「卒業」や「受賞」といった行為に「させていただく」をつけると、何か不自然な印象を受けることがあります。これらの行為は、基本的に本人が主体的に行うものであり、誰かの許可を得る必要はありません。にもかかわらず「させていただく」をつけることで、**過剰な謙譲表現として映る**場合があります。たとえば、「卒業しました」と言えば十分なところを、「卒業させていただきました」と言われると、「誰の許可を得たのだろう？」と疑問に感じることがあるわけです。

このような表現が広がった背景には、現代社会における丁寧さや配慮の過剰化が影響していると考えられます。特に若い世代やビジネスパーソンは、失礼にならないように配慮した結果、表現がどんどん丁寧になり、「させていただく」を多用する傾向があります。

ただ、**ことばが過剰に丁寧になることで、本来の意味や自然さを失うリスクもある**のも確かです。

一方で、**「させていただく」という表現は、日本語の進化の一端**とも言えます。ことばは常に時代や文化の影響を受けて変化します。ですから、こういった変化に、いちいち目くじらを立てるべきではないというのもひとつの考え方です。

ただ、人によってはその表現にモヤモヤを感じて、その結果、過剰な敬語を使っている人の教養や素養の評価が下がってしまうこともあるので注意したいところです。**自分の主体的な行動を伝えるときには、「卒業しました」「受賞しました」とシンプルに言った方が、かえって誠実で自然に感じられることもあります**。ことばはその場の状況や相手との関係性に応じて選び分けることが大切です。必要以上に丁寧な表現に頼ることなく、バランスを意識したことば遣いを心掛けることで、より効果的に相手の信頼を得るコミュニケーションが可能になるはずです。

なぜ、大人になるとタメ口が使いづらくなるのか?

日本の文化的価値観がタメ口を抑制する

子供時代には友達同士で気軽に交わされていたはずのタメ口が、年齢を重ねるにつれて使いづらくなっていく、だんだん敬語で話す方が楽になっていくという経験は、日本人の多くが経験していることだと思います。この**子供時代からの変化は、日本の社会構造や文化的価値観に根付いた変化**なのです。

自由を謳歌した学生時代を終えて大人の世界に足を踏み入れると、私たちは突如として全く別世界の海原に放り出されたような感覚に襲われます。

職場では上司や同僚との適切な距離感を保つため、公的な場面では礼儀正しさを示すため、そして初対面の人とは良好な第一印象を築くために、私たちは使うことばを慎重に選ぶようになります。こういった場面では、敬語で話すことが無標ですし、無難です。となると、ハイリスク・ハイリターンなタメ口は、徐々に使用頻度が減っていきます。

タメ口は未熟な印象を与えてしまう

日本社会に根深く残っている年功序列の意識も、大人はなぜかタメ口が使えないという現象に大きく影響しています。社会に出たばかりの頃、すなわち大人になったばかりの頃は、年上の社会の先輩方の層が圧倒的な厚みで存在し、その序列では一番下からスタートします。そのため、多くの人々は無意識のうちに、より丁寧なことば遣いを身につけていくのです。

さらに、大人のコミュニケーションは複雑で多層的です。単に情報を伝えるだけでなく、相手との関係性、場の雰囲気、そして自身の立場を考慮しながらことばを紡《つむ》ぐ必要があります。敬語のような表現は、これらの要素をバランスよく扱うためには便利なツールです。タメ口では表現しきれない微妙なニュアンスや配慮を、より洗練されたことば遣いで表現することが可能になるのです。逆にこれができないと、十分に大人になりきれていない、未熟な印象を与えてしまうこともあります。

大人になるとタメ口が使えなくなるという変化は必ずしも否定的なものではありません。むしろ、**相手や場面に合わせて適切なことば遣いを選択できる能力こそ、高度なコミュニケーションスキルの表れ**でもあります。

一方で、若い世代や新興企業では、より柔軟なことば遣いが許される傾向もあります。これは社会全体がより開放的で平等な関係性を求める方向に進んでいることの表れかもしれません。

いずれにしても、タメ口を使えなくなることを喪失と捉えるのではなく、**より豊かで繊細なコミュニケーションの可能性が開かれたと考える**こともできるでしょう。

小学生と大人のコミュニケーションの違い

タメ口が使いづらくなった大人の自分と比較して、会話の中心がタメ口だった小学生の頃を振り返ってみましょう。

小学生くらいになると、人は伝えたいことをあらかた言えるようになってきます。しかし、大人とは決定的に違うところがいくつかあります。

まず、小学生は、比較的単純な語彙や文構造で話し、直接的、具体的な表現が多い傾向にあります。一方大人は、より複雑な語彙や文法で話し、間接的、抽象的な表現を扱うことができます。

小学生も多少敬語を使いますが、主に基本レベルの丁寧語を使用するにとどまり、大人のように状況や相手に応じて、尊敬語、謙譲語、丁寧語を適切に使い分けることが難しいです。こういった敬語体系は非常に複雑ですし、日本社会の階層的な人間関係の認識とも密接に関連しているので、そういった「素養」の発達と並行して、時間をかけて培っていきます。

また、小学生は**感情表現が直接的**で、ボディーランゲージを多用する傾向があるともいわれています。一方大人は、より洗練された非言語表現を使用し、**感情表現をコントロール**します。

話し方だけでなく、内容についても小学生と大人は異なり、小学生は自己中心的な話題が多く、論理性や会話の一貫性が低いことがあるのに対して、大人は、相手や状況に応じて適切な話題を選び、論理的に会話を展開できます。

ことばの熟練度でわかる、SNSの使い方

そして、小学生と大人ではSNSの使い方にも大きな違いが出ます。小学生だと、主に娯楽目的でソーシャルメディアを使います。また、オンラインでの適切なコミュニケーションルールの理解が不完全な場合があります。一方、大人は、情報収集や社会的

ネットワークの形成など、多様な目的に使用して、オンライン上のエチケットをある程度理解して臨んでいます。

このように、小学生と大人では、実に多くの面でコミュニケーションの取り方の違いがあります。このような違いは、ひとえに人生における経験の差と言えるでしょう。

敬語も社会常識も社会的規範も、時間をかけて学んでいくものです。敬語・尊敬語・謙譲語は難度が高いからこそ、使いこなすことで相手のために努力をしている表れになり、「相手に配慮したコミュニケーション」と受け止められるわけです。

一方タメ口は、小学生を含めて誰にでも使える平易なことばだからこそ、時に稚拙と受け止められてしまいます。しかし、上手に敬語のなかに挟み込めれば、「崩し」となって相手の心に響くわけですから、技として磨き上げるとコミュニケーションの質や幅を広げることができます。

言語学でタメ口を解剖する

なわばり関係を表す「WEコード」「THEYコード」

さて、いよいよ本題の言語学におけるタメ口について解説します。タメ口は、最近では「タメ語」などという呼び方も耳にしますが、もともとは「タメ（同い年）」の人たちに対して典型的に用いることば遣いのことを指します。

言語学には**「WEコード」「THEYコード」**という区別があります。「コード」は、ことばのことを指します。暗号もコードだし、日本語や英語のように言語もコードです。

WEコードとは、「WE＝私たち」のことば。つまり、**自分の心のなわばりの内側の人たちに使うことば**のことです。タメ口は、家族や友人など、ある程度心の距離が近い人たちや、対等の関係性が前提とされる人たちに向けて使うことばです。その意味で、

タメ口はWEコードになります。

それに対して、THEYコードとは、「THEY＝彼ら」のことば。つまり、自分の心のなわばりの外側にいる人たちと話すときに使うことばです。日本語でいうと、**敬語がTHEYコード**にあたります。

これらのコードと心のなわばりの関係でわかりやすい例が、子供のケンカです。同級生で遊んでいるとき、普通はタメ口（WEコード）で話しますよね。しかし、一度ケンカになると、「言いました」「言ってません」のように、急に敬語になったりします。

これは、**ケンカになった瞬間に相手が自分の敵になる**わけですから、心の距離が遠ざかる状態、つまり、**相手を自分の心のなわばりの外の人間と認識**しています。ですから、THEYコードである敬語を使うことで、その距離感を表そう、相手を突きはなそうとしているわけです。

WEコードとTHEYコードの区別は、普通語と丁寧語の場合だけに限りません。例えば、**標準語と地域方言の使い分け**も含まれます。その**使い分けの効果は、丁寧語とタメロの使い分けに近い**ものがあります。

例えば、初対面の二人が丁寧語でお互いを探り探り話しているシチュエーションを想像してください。そんな二人が同郷だとわかった途端、「○○さんもやっちろ（八代）ね！こぎゃんところで同郷に会うとは嬉しかぁ。高校はどこね？」のように、方言に切り替えたりします。同郷という共通点もあるので、これで**心の距離感**が一気に縮まります。

元来のWEコードとTHEYコードの定義

もともと、WEコードとTHEYコードの区別は、ジョン・ジョゼフ・ガンパーツという言語学者が提唱したものです。その定義は、簡単にいうと**「民族的意識」**です。バイリンガルが使う言語には、話し手が所属する社会的集団に対するある種の民族的意識があります。その意識をより強く反映する言語がWEコード、そうでない言語がTHEYコードと呼ばれています。

例えば、スイスのような多言語国家では、ロマンシュ語圏の人はロマンシュ語を話しますが、公の場などではドイツ語やフランス語を使います。ロマンシュ語圏の人たちにとっては、前者がＷＥコード、後者がＴＨＥＹコードになります。

しかし、日本は多言語国家ではありませんし、バイリンガル（２つの言語をネイティブとして話せる人）も少数というお国柄ですから、そのままの定義は当てはまりません。

本書ではもう少し解釈を広げて、バイリンガルにかかわらず、**WEコードは、**「どちらかというと**気を使わないときに使うことば**」、**THEYコード**は、「どちらかというと**気を使うときに使うことば**」としておきましょう。

本書では「タメ口」をフィーチャーしている関係で、タメ口だけを推している印象が否めないかもしれませんが、タメ口はあくまでもＷＥコードの典型としてわかりやすいがゆえに中心的に扱っているにすぎません。**WEコードとして機能するもの**でしたら、**方言**でも、**若者言葉**でも、**流行り言葉**でも、**漫画のキャラの独特なことば**でもなんでも当てはまります。

その意味でＷＥコードは「素のことば」「すっぴんのことば」「ウチのことば」「親近

感を感じることば」というニュアンスで捉えてください。一方、ＴＨＥＹコードは「よそゆきのことば」「ソトのことば」「距離を置いたことば」「きちんと会話するときのことば」というようなニュアンスで捉えておいてください。

例えばＷＥコードを「親しみを感じることば」と捉えると、たとえ敬語や丁寧語でも、「よ」や「ね」などの終助詞を上手に駆使すればＷＥコードのように使えるということを覚えておいてください。

ＷＥコードとＴＨＥＹコードの切り替え効果

タメ口と敬語を交えて話すときに見られるＷＥコードとＴＨＥＹコードの切り替えについては、某テレビ番組の依頼で、実際にどれくらい印象の差を生むかという簡単な調査を行ったことがあります。ここでそのときの調査結果を少しご紹介します。

この実験では、50代前後の上司と20代の若手社員の会話を何パターンか映像化して、

図4 3つの映像の、どの話し方に一番「親しみ」を持ちましたか?

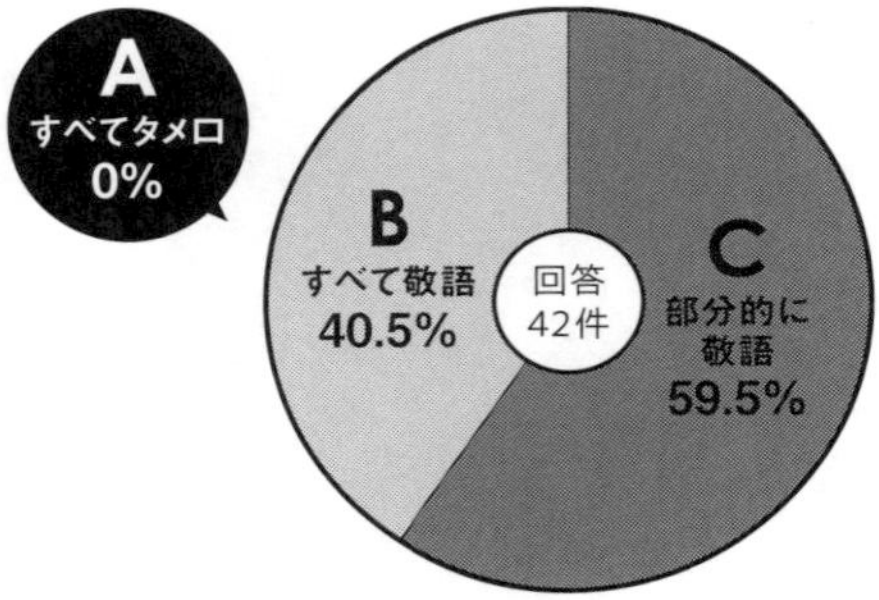

著者が日本テレビへの協力で行った実験より

42人の実験参加者にその映像を見せ、それぞれを評価してもらいました。それらの映像では、次のA〜Cのように若手社員のタメ口の使用度合いが異なるものを用意しました。

A「すべてタメロ」
B「すべて敬語」
C「部分的にタメロ」

どの話し方に一番「親しみ」を感じたかという質問に対しては、約6割の実験参加者が、部分的にタメ口を使った話し方を一番評価していたのです。

ここでのポイントは、この会話が年齢的にふた周りも離れた上司と部下との会話だということ。その上で、一番評価が高かったのは、すべて敬語の会話ではなく、部分的にタメ口の会話だったということです。

すべてタメ口を使ったAの映像は誰も投票していないことから、やはりタメ口だけで上司と話すのは、日本という文化圏においてはあまり好感度が高くないようです。

一方、部分的にタメ口を使った話し方が一番印象がよかったわけですが、それも、やたらめったらにタメ口を使ったわけではありませんでした。実は、**ある特定のやりとりの際にだけタメ口を使っていた**のです。それでは、一体どのような形で使ったタメ口が好印象だったのでしょうか？

親しみを感じて好印象に！　タメ口と敬語のコード・スイッチング

言語学では、WEコードやTHEYコード、あるいは日本語と英語のように、違うことばの体系に切り替えることを**「コード・スイッチング」**といいます。

コード・スイッチングはバイリンガルによく見られる現象です。バイリンガルの人が日本語を話しているときに、突然英語に切り替わるのを見かけたことはありませんか？単語や句だけが英語に切り替わったりすることもあれば、文全部が英語に切り替わったりすることもあります。

例えば、

「炭酸じゃなくて、普通の still water がいいかも」

「Today I went to school な。で I talked to my professor な」

前者の文は、「still water」（非炭酸水）という部分だけが英語に変わっています。また後者の文は、日本語の会話をしているなかで、突然、「な」（関西方言）という終助詞以外の部分が英語に変わってしまった例（実例）です。

こういったコード・スイッチングが起こる理由は、大きく分けて次の3つです。

①状況的コード切り替え

話題の変化や、会議、儀式などの状況に応じて別のコードに切り替える場合。

②比喩的コード切り替え

話している人が会話の相手に親近感を覚えたり、感情を表現したりする際に、別のコードに切り替える場合。

③会話のコード切り替え

特に状況などに変化はないが、別のコードを交えながら話す場合。

コード・スイッチングは、**無意識のうちに行われることが多い**といわれています。たしかに、先ほど例に挙げた子供のケンカの場合も、子供たちが意識してコード・スイッチングをしているとは考えにくいです。

また、コード・スイッチングが起こる原動力のひとつは、「話しやすさ」だといわれています。そして、今話しているコードに適切な表現がない場合に、スイッチングが起こりやすいともいわれています。

先の**①状況的コード切り替え**は、状況的にことばを変えることが適切な場合や、そうする必要に迫られた場合に使われます。

例えば、同学年の友達のAさんが働いているお店に来たBさんと会話する際、Aさんはまず、「おー、来てくれたんだ！　ありがとう」のようにタメ口で話しているとします。しかしBさんが商品を買ってくれて、お会計のタイミングになると、Aさんは「800円になります」のように、急に丁寧語で話したりします。これは、Bさんがお店に入ってきて、話が始まった時点では友人として会話をしていますが、お会計ではAさんはあくまでも店員として、Bさんはお客として会話をしているため、このようなコード・スイッチングを行うことがコードの適切な使用ということになるわけです。

②比喩的コード切り替えは、47ページで挙げた、丁寧語から地域方言への切り替えの際などに見られます。感情に素直な心の状態を表したり、相手との心の距離を調節したりするためにコード・スイッチングを行う場合です。先述したテレビ番組の実験で、「部分的にタメ口」に好印象を持つ人が多かったのも、このコード・スイッチングがうまくいったためです。実験では、敬語での会話中に思わず漏れた、感情を表すタメ口に被験者が親しみを感じ、会話の相手との心の距離が縮まったのだと考えられます。

そして**③会話のコード切り替え**は、特に理由はないのですが、例えばルー大柴さんのように「それ、ミーのミステイクじゃない？」と、ただただ別のコードを交えながら話す場合です。

本書で特に注目するのは、**②比喩的コード切り替え**のコード・スイッチングです。ことばで心の距離を調節するために、２章でコード・スイッチングのパターンを応用していきます。

第2章

戦略的タメロの使い方

タメ口の効果効能

タメ口で、ことばのなわばりに一歩踏み込む

さて、具体的なコード・スイッチング例の紹介に入る前に、これまでのポイントをもう一度おさらいしておきましょう。

特に重要なのが、タメ口はWEコードであり、自分の心のなわばりの内側にいる人に使うことばだということ。そして**コード・スイッチングによって、相手との心の距離を自然に調整することができる**ということです。

敬語はいわば「大人の世界の標準語」です。一般的な社会人は、相手を尊重し、礼儀をもって接すること（＝配慮）がマナーとして求められます。英語と違って、日本語の場合は、相手と距離を置いた方が配慮したことになります。つまり、敬語を使って相手

タメ口は、お互いのなわばりに
一歩踏み込んだ話し方

敬語は、お互いのなわばりに
配慮した距離感のある話し方

との心理的な距離感を出し、**「自分はあなたを尊重しているので、あなたのなわばりには侵入しませんよ」**ということを表現しています。

一方、タメ口は、**自分のなわばりを相手に開放し、相手のなわばりにも一歩踏み込んだ話し方**になります。ですから、心の距離感を縮めるのにはうってつけです。

とはいえ、日本社会では基本として、上司や年上やお客さんとの会話などでは、相手と一定の距離感があることも望まれています。ですから、いきなりタメ口を使っても礼儀をわきまえていないような印象を与えてしまいます。そのため、上手に使い分ける、すなわち、上手にコード・スイッチングをしていくことが重要となります。

感情をタメ口で伝えると、好感度が上がる

次の例は、実際にあった40代男性と20代女性の会話です。

女性「今日はみなさんどちらか行かれるんですか？」
男性「今日は夜からみんなでオーケストラを見に行こうと言ってます。よかったら一緒に行きます？」
女性「行きたい、行きたい！」
男性「じゃ、チケット取りますね」
女性「すみません、お願いします」

この会話では男性も女性も基本的に敬語で話しているので、もともとそれほど親密ではない関係だということがわかります。ですが、途中で女性が「行きたい、行きたい！」とタメ口に切り替えています。

このタメロの発言、もしかしたらそれほど失礼に感じないのではないでしょうか？　むしろ、素直な感情が飛び出してきた感じがして、好感や親しみが持てませんか？　女性が**あえてタメロをここで使うことで、男性のなわばりに飛び込んだ状態**になっています。ただし、20代女性から40代男性への発言は基本的に敬語のため、相手への配慮は伝わっているはずです。

ここで注目したいのは、**このタメロの発言が「自分の感情」について話されている**ということです。

タメロは自分の素のことば、いわば**「すっぴん」のことば**です。このタメロの発言によって、女性はあたかもオーケストラを見に行く仲間の集団に気持ちだけ先に飛び込んだ感じもします。そのようなニュアンスを感じたのか、男性の方もその直後の発話で女性の感情を気持ちよく受け止めて、女性がオーケストラのコンサートに行くことを前提に「じゃ、チケット取りますね」と話を続けています。

しかし、仮にこの女性が男性の誘いに対して、THEYコードである敬語のまま「いいですね。私も行きたいです」という返事をしたとしましょう。イントネーションがどのようなものかによっても多少異なりますが、タメ口バージョンで伝わってくる高揚感はなく、逆に社交辞令っぽく聞こえてしまいそうです。

そして、もし女性がこのようなＴＨＥＹコードの返事だったとしたら、男性の方も本当に行きたいのか意思を確かめるために「じゃあ、チケットを取りましょうか？」というような質問をしたりする必要がありそうです。下手したら、あと数回のやりとりが必要になる場合もあります。そう考えると、**この女性がタメ口で「行きたい、行きたい！」と、相手のなわばりに飛び込んできてくれたおかげで、男性もすんなりと「じゃ、チケット取りますね」と続けることができた**わけです。

もうひとつ例を考えてみましょう。例えば、上司がちょっと普段とはテイストの違うネクタイをしていることに部下が気づいたというシチュエーションを想像してみてください。

部下「あれ、課長。今日のネクタイ、いつもと違う感じですね」
課長「そうなんだよ。実はこれ、娘がプレゼントしてくれてね」

さて、この課長の発言に対するリアクションとして、もし部下が「いいですね」と敬語で答えた場合と、「えー！　いいなぁ」と自分の感情をタメ口で答えた場合、どちらが親しみを持てますか？　**どちらがより社交辞令ではなく本音で言っているように思えますか？**

もちろん、敬語でのリアクションでもまったく問題はありません。ただ、おそらくほとんどの人は、このタメ口のリアクションにも特に失礼な印象を持たないのではないでしょうか。そして、**思わず出てしまった本音の発言のような印象を抱く**はずです。これがすっぴんことばであるタメ口のチカラなのです。

そして、もうひとつのポイントは、**「自分の感情」と「本音」という概念が結びつきやすい**ということです。自分の感情を述べる分には、**ポロっと本音がこぼれてしまっているようなもの**ですから、それほど**相手にも失礼に感じさせません**。

もちろん、否定的な感情を出すのは論外ですが、こういった、**相手が聞いて喜ぶような肯定的な発言に限るのも、タメ口を有効的に活用するコツ**です。

また、自分の感情表現に加えてもうひとつ、敬語を使うべき相手にタメ口を用いることが失礼にならないパターンがあります。それは、**納得した心のつぶやきがタメ口として出たとき**です。例えば相手の話を聞いて、「そっか、そう考えればいいのか！　さすがです。勉強になります」とタメ口を混ぜても、実際はそれほど失礼に聞こえないのではないでしょうか？　**相手のことばに納得する場合は、相手の意見を肯定的に評価しているのもポイント**です。

タメ口をうまく使うコツと注意点

人は「有標」に惹き付けられる

ここまでの話だと、WEコードを使うことこそが大切だと思わせるような印象を受けたかもしれませんが、実は、そういう話でもありません。**どう使うのかが大事**なのです。ここでは、より効果的にこれらのコードを使う方法をお話しします。

実は、WEコードとTHEYコードを使う上で、欠かすことができないのが、これまで何度か出てきた「コード・スイッチング」という概念、つまりことばの切り替えです。

ただし、スムーズに距離を縮めるためのコミュニケーションにおいては、タメ口やほかのWEコードをただ闇雲に使えばいいというものでもありません。相手が年上でも絶対にタメ口しかきかないというポリシーを実行している人をたまに見かけますが、それを好印象だと受け止めてくれるのは少数派であり、社会性が足りないと判断されてしまうのが日本という国であり文化です。

では、シンプルにWEコードだけを多用するより、コード・スイッチングを行うことがなぜ効果的なのでしょうか？　その問いには、言語学の**「有標」「無標」という概念**が答えを導き出してくれます。この「有標」「無標」は人間の認知の原則に深く根ざしたものです。

「有標」は、与えられた文脈において**「非標準」「逸脱している」「独特」な存在**のことです。「無標」は、与えられた文脈において**「一般的」「中立的」「標準的」な存在**のことを指します。例えば、白色のビルが立ち並ぶ街並みに、もし一棟だけ黒色のビルがあったとしたら、そのビルは非標準なので「有標」ということになります。

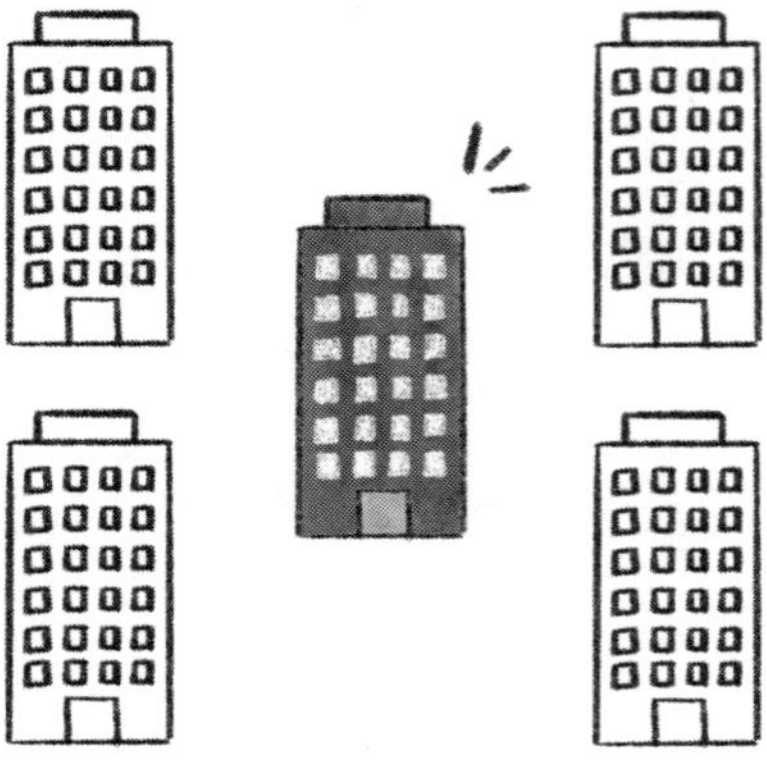

一方、白いビルはその景観のなかでは標準的なので、「無標」ということになります。逆に、その隣の街では黒いビルが立ち並んでいて、一棟だけ白いビルがあったら、黒いビルは無標で、白いビルが有標になります。このように、有標かどうかは文脈や状況によるのです。

人間は、有標なものに注意や関心が惹きつけられます。それは、私たちの本能に根付いた原理です。標準や普段と違うもの、ほかと違うものには、通常にはない危険が潜んでいる可能性があります。ですから、そういったものに注意や関心を寄せておくことで効率的に対処ができます。反対に、通常通り・普段通りのものは、そこに特に危険がないことがわかっているので、特に注意や関心を寄せる必要もなく、むしろ注意を向けない方が効率的です。

もし、無標なものにまで逐一注意や関心を寄せて分析していたら、大変な労力が必要です。したがって、認知の仕組みとして、有標なものに注意を向けるように人類の遺伝子にプログラムされています。

コード・スイッチングは、それまで話していた無標のことばから、普段とは違う有標のことばに切り替える行為なので、聞き手は無意識のうちに有標のことばに注意・関心がいきます。言い方を変えれば、**有標のことばは印象的に映る、影響を与えやすくなる、効果が出やすくなる**ということになります。ただ、タイミングを間違って使えば悪い印象を与えやすくなるので、諸刃の剣だということにご注意ください。

コードの違いと言語の相対性

人は、**コード（言語）が変わったときに、世界観が変わる**といわれています。コードが変わるとものの捉え方や視点が変わります。ことばは断片的にしか世界を切り取る（分節化といいます）ことができませんが、世の中に完全な同義語が存在しないことを考えると、言語やことばを変えたときに、自動的に切り取られる世界も変わります。これは、言語学の理論では「言語の相対性」という考え方に基づいています。

例えば、日本語の「家」と英語の「ＨＯＵＳＥ」という表現を考えてみましょう。そもそも、日本語で「家」と言ったときに思い出される家屋のスタイルと、英語で「HOUSE」と言ったときに思い出される家屋とは違うはずです。そして、英語のHOUSEには、「劇場」や、「議会」などの意味もありますが、日本語の「家」にはそのような意味はありません。

このように、**言語が違えば指し得るものの範囲も違います。**それは各言語の表現が持つコアイメージがそもそも違うことから生じるものです。使う道具が違うのですから、切り取られるものも変わります。例えるなら、スコップとクマデでは、同じ砂山を削り取っても、削り取られる形が変わりますが、同じことが言語でも言えるのです。

そう考えると、いずれかのコードでしかうまく表現できないことも出てきます。WEコードだからこそ伝わること、伝わらないこと、THEYコードだからこそ伝わること、伝わらないことがあるということです。どの場合にどちらを選ぶかは、かなりケースバイケースなのですが、そういった表現の範囲にも違いがある可能性を念頭に、より効果的に伝えるにはどうしたらいいかを考えていくことが大切です。

自然なタメ口が成立する土俵

では、万人が使える自然なタメ口とはどのようなものでしょうか？　基本的には、タメ口を使うことで相手を不快にさせたり、相手に違和感を抱かせたりすることがなければいいわけです。それでは実際にタメ口が自然に聞こえる要件を考えてみましょう。

まずは、**相手との親密さ**です。**心の距離感**と言い換えることもできます。**自分のなわばりの内側にいる家族や友人、後輩や同級生**に対してはタメ口が自然です。また、同年代や年が近い同僚のように、年齢や立場が似ている相手との会話は、形式的な礼儀や尊重はそれほど必要とされないため、タメ口の方が自然になることもあります。

また、タメ口の要件には気持ち的な部分も関係してきます。食事や休憩中のようなリラックスした場面では、タメ口を使った方が自然な場合もあります。よりインフォーマルな雰囲気を醸し出したかったりする場合も同様です。

さらに、ちょっと角度は違いますが、本来は敬語で接するのが社会的には当然な相手であっても、相手がタメ口を受け入れている場合はタメ口が容認されます。相手がタメ口を容認するのは、敬語によるよそよそしさや形式主義的な側面を避けたいという場合が多いでしょう。

そして、共通点や共通の話題があるときもタメ口が自然な場合があります。それは、心理的な距離が近くなったことで現れることばだと考えられます。

最後に、これまでも説明してきたように、**自分自身の感情や心の声がことばとして漏れてしまうような場合**です。特に、それがポジティブなものであれば相手にも受け入れられやすくなります。

このように、タメ口が自然になる要件は多様ではありますが、根本的には、相手との関係性、雰囲気などの状況、感情の状態などが主となるわけです。そして、最終的には**相手が不快に思わないこと、相手への配慮ができていることが最重要**になってきます。

自然なタメ口とは一線を画しますが、フラットな関係を重視したい、形式的な礼儀よりも実質的なコミュニケーションをしたい、自己表現の一環など、さまざまな理由でポリシーとして誰にも敬語を使わないという人もたまに見かけます。

それはそれで価値観の問題であって、あれこれ他人が言うべきではないでしょうが、ルール重視主義の人たちからは評価が下がってしまう場合もあります。もちろん、それをわかった上であえてタメ口を使っている人が基本的には多いようです。

とても勇気の必要な態度だと思うので、そのネガティブな評価の恐れを乗り越える自信や資質を持っている人であれば、そういったポリシーを貫くのもいいでしょう。

そして、ハードルが高そうに聞こえるかもしれないですが、タメ口でツッコミを行うという大胆な技もあります。これは成功すれば大きな効果があります。本来、敬語を使って話すべき相手や、普段は敬語を使っている相手に対してあえてタメ口でツッコミを入れるということは、会話に面白みを出していく上で非常に有効な手段です。

コミュ力向上に欠かせない4つのルール

タメ口でのツッコミの解説をする前に、大切な言語学の理論を1つご紹介します。哲学者のポール・グライスが提唱した**「協調の原理」**と呼ばれるもので、**人がコミュニケーションを取るときに無意識に守っている「公理」**（ルールや道理と言い換えられます）と呼ばれるルールがあります。この原理は、**話すときの「量」「質」「関連性」「様態《ようたい》（伝え方）」の4つ**の公理で構成されています。

①量の公理…過不足なく適切な情報量で話すルール
②質の公理…正しくないと思われることは話さないルール
③関連性の公理…話題に関係のある話をするルール
④様態の公理…わかりやすく伝わりやすいように話すルール

これらの公理が守られないと、**聞き手は発言の理由や意味を推測**します。例えば、年齢を尋ねた相手が、その質問をはぐらかして天気の話にすり替えたとします。これは「関連性の公理」の違反が起こっていることになるので、**聞き手はその違反の理由を推測し、相手が年齢の話をしてほしくないのだと察する**わけです。

実践！　コミュ力が爆上がりする、タメ口のツッコミ

では、タメ口でツッコミを入れるという話に戻ります。
例えば、次のような例を見てください。

先生「この問題をどうやって解くかが重要になってきます。そしてその解き方は……。まあ、雰囲気でわかると思います」

と、先生がボケを言ったとします。
これは文脈的には、「解き方」というもっとも重要な情報を、話し手である先生があえて伝えていません。言語学的には協調の原理の「量の公理」あるいは「様態の公理」の違反です。この違反に接し、聞き手である生徒は、「おっと……」と戸惑い、違反の

理由を考え、先生がこれは冗談を言っているのだという意図（含意）を汲み取ります。

この先生のボケに対して生徒は、

生徒「説明しないんですか？」

と敬語でツッコミを入れるより、

生徒「説明しないんかい！」

とタメ口でツッコミを入れる方が、面白みが増します。先生に生徒がツッコミを入れることは元来期待されていないことであり、それ自体が特殊な発言ですから、有標な発言となります。その有標性から生じる違和感のおかげで、敬語のツッコミでもそれなりの面白さが出るかもしれません。

しかし、タメ口のツッコミは敬語によるツッコミよりもさらに面白みが増します。本来、生徒は先生に対して話し掛けるときには、敬語で話すことが期待されるわけですが、あえてタメ口を使い、**わざと失礼な言い方にすることで、「様態（伝え方）の公理」の**

違反が起こります。この違反によって、この会話を聞いていた人たちは、その生徒が冗談としてツッコミを入れているということを理解し、笑いにつながるのです。

ちなみに、先ほどの例文の発言では、「〜しないんかい！」のように、**ただのタメロではなく、関西弁が使われています。**「なんでやねん！」という関西弁は、関西地区以外の若い人たちの会話でも、ツッコミをする際に多用されています。こういった、本来は当該方言の話者ではない人が、シーンの雰囲気に合わせたり、違う自分を演出したりするときに方言を使うことを**「方言コスプレ」**と呼びます。**方言はWEコードですから、タメロと同じような効果が得られる**わけです。方言コスプレの詳細については、6章の「あざといタメ口スキル」で解説します。

遠慮を越えたところにある爆発的な笑い

以前、漫才界の巨匠・オール巨人師匠に対して、ナインティナインの岡村隆史氏がツッコミを入れるというドッキリ企画がテレビで放送されたことがあったのですが、岡村氏が業界の大先輩に対してビビりまくって遠慮がちなツッコミをしたために、楽屋に戻ってから巨人師匠に激しく怒鳴られていました。

ツッコミは上下関係などがある場合こそ、相手が大物で普段ツッコミを入れられそうにない人ほど、先ほど説明した**「様態（伝え方）の公理」の違反のおかげで面白みが出る**のであって、遠慮していてはダメなのです。

もちろん、お笑いの素人である私たちがややもすれば失礼な発言になってしまうツッコミを遠慮なく入れることは、難度が高いのは間違いありません。ツッコミの難しいところは、中途半端にツッコミを入れると、ツッコミを入れた本人だけでなく、せっかくボケた本人も大ケガ、大コケをしてしまうところです。

相手との関係性やＴＰＯなどももちろん重要になるでしょう。しかし、**タメ口のツッコミは成功すれば効果絶大。**チャンスが巡ってきたら、ぜひともタメ口でツッコミを入れてみてください。ボケをかます人はツッコまれるのを待っています。そして、キッチリとツッコミを入れてくれる人が大好物です。思い切ってタメ口でツッコミを入れることで、お互いの距離感も縮まるに違いありません。

質問をタメロにするのは、ハードルが高い

質問、より正確には、**疑問文をタメロにするのは、かなり高度なテクニック**になってきます。ここで覚えていただきたいのが、「言語行為論」という言語学の理論です。

私たちは、ことばを発するとき、つまり発話するときには、同時に何か別の行為も実現しています。例えば、**「こんにちは」と発話することは、「挨拶」という行為を実現し**ています。同様に、**「ごめんなさい」と発話することで、「謝罪」という行為を実現して**います。こういった発話によって実現される行為のことを「言語行為」や「発話行為」と呼びます。

「疑問文」という形式の発話は、「その話は本当ですか?」のように、内容の真偽を尋ねたり、「この本はどのような内容を扱っていますか?」のように情報を引き出したりするだけでなく、「この書類に記入していただけますか?」のように、相手に何か行為を依頼したり、「これ、早くやっていただけませんか?」のように催促をしたりと、さまざまな言語行為が成立します。

疑問文の形式でタメ口を使うときに特に注意したいのが、**「依頼」「催促」「命令」「批判」「非難」などの言語行為**です。こういった言語行為は、相手に何らかの負担をかけたり、ネガティブな心理的影響を与えるたりするものなので、タメ口のような失礼な言い方と表裏一体の口調は、相手の気分を損ねる可能性も高いでしょう。例えば、部下が上司に向かって次のようなタメ口を使った場面を想像してみてください。

「この書類、決裁してもらえない？」（依頼）
「昨日までに確認してもらう予定だった書類は、今どんな感じ？」（催促）

いかがでしょう？　なかなかこれらの発言が失礼に聞こえないシチュエーションを探すのは難しい気がします。

質問は、自問・感想であれば自然なタメ口になる

しかし、質問の形式でも自然に聞こえるタメ口が存在します。それは**「自問」**です。

タメ口の内容が自問や感想のような「自分事」であれば、相手への負担や影響も少ないので、タメ口が受け入れられやすくなります。

例えば、このような例はどうでしょう？

「うわ、この雨で帰れるかな？」（自問）

「すごい！　完璧な仕事。天才！　神だわ！」（感嘆・称賛）

このようなタメ口であれば、相手も悪い気はしないはずです。どちらの場合でも、言語行為としては、相手への負担もネガティブな影響もありません。心の声が漏れ聞こえたレベルの発話に聞こえるので、それほど悪い気はしないのです。特に後者の例は、**感嘆・称賛という言語行為**でもあります。タメ口で語ることによって、**より本当の気持ちで感嘆・称賛しているというふうに捉えられる**でしょう。

このように、疑問文に限らず、ことばの形式と、実現される言語行為のバランスで考えていくことがタメ口を上手に挟んでいくコツなのです。

終助詞を使って距離を縮める方法

日本語には、「〜ね」「か」「かしら」「な」「ぞ」「ぜ」「とも」「の」「わ」「や」「〜よ」などの終助詞と呼ばれる表現があります。特に**「〜ね」という終助詞は、会話を単なる情報交換ではなく、相手との距離を縮めるのに効果的な表現**です。例えば、「今日は暑いね」と言えば、話し手は相手に対して同意を求め、共感を誘っています。この**「共に感じる」という感覚が、親しみやすさや心の距離を縮めるきっかけになる**のです。

終助詞「〜ね」の背後には、日本語の特徴的な会話スタイルが関係しています。**日本語の会話は「共話型」**と呼ばれ、**話し手と聞き手が共に会話をつくり上げる**特徴があります。終助詞「〜ね」は、相手を自然に会話に巻き込む役割を果たし、関係性を強化します。この点が、一方が話し終えてから相手が反応する「対話型」の英語とは大きく異なります。英語では、会話のキャッチボールが明確で、話し手がボールを渡した後に聞き手が応答するのが一般的ですが、日本語では話し手も聞き手も同時に会話に参加し、随時うなずきを頻発して協力しながら会話を進めていく傾向があるといわれています。

この**「共話型」会話の特徴は、相手との親近感を生むうなずきにも現れます**。日本語の話者は、英語などの話者よりも頻繁にうなずき・相づちを入れることが知られています。ある実験では、CGの人物に話しかける場面で、うなずき動作を頻繁にするCGの方が、静止したCGよりも印象が良く話しやすいと評価されました。これは日本語話者にとって、聞き手の反応がいかに重要かを示しています。「〜ね」は、このうなずきを促す役割を持っているので、自然に会話が共話型になっていくわけです。

さらに、**「〜ね」をタメ口で使うと、よりカジュアルで親密なニュアンスが生まれます**。「これ、おいしいね」と言えば、相手との共通体験を共有し、同じ感覚を持っていることを伝えられます。**この短い一言が、相手に「自分と気持ちを共有してくれている」と感じさせ、心の距離を一気に縮める効果を持つ**のです。敬語では少し距離を感じる場合でも、「〜ですね」とすることで会話が柔らかくなり、相手に安心感を与えます。

終助詞「〜ね」は、日本語特有の共感を生む魔法の表現です。タメ口はもちろんのこと、タメ口が使いにくい場合でも、相手との関係性に柔軟性を持たせ、心の距離を縮めるための強力なツールとなります。親しい人との会話や、新たな関係を築く際に、「〜ね」を意識して使うことで、会話がより親しみやすく、楽しいものになるでしょう。

「くん」「ちゃん」「さん」に変わる新たな呼称

人間関係の距離を近づけるタメ口には「くん」「ちゃん」「さん」といった呼び方も含まれます。このような呼び方には、ただの呼称以上の意味が込められています。**どの呼称を使うかによって、相手との距離感や関係性を自然に調整することができます。**例えば、「さん」は丁寧さを保ちながら適度な距離を感じさせる一方で、「ちゃん」や「くん」は親しみや柔らかい印象を与えます。このような呼称の使い分けは、相手への配慮や会話の空気をつくるための大切な手段と言えるでしょう。

最近では大学生の間で、特に男性が女性を呼ぶときに「ちゃん」を避けて、苗字と名前の一部を組み合わせたユニークな呼び方を使う例が増えています。例えば「小沢彩恵（おざわさえ）」という名前を「サエオザ」とするような呼び方です。呼び捨てするほど親しい間柄でもなく、「ちゃん」と呼ぶには少し照れくさい――。そんな微妙な距離感を表現する中間的な呼び方として機能しているのかもしれません。この工夫は、**相手との心理的な距離を保ちながらも親しみを込められる便利な方法**といえます。

こうした呼び方は、**社会心理学でいう「ネーミング効果」とも関連**しています。名前で呼び合うことは、**相手に親近感を与え、関係を深めるきっかけ**になります。さらに、ほかの誰とも異なる独自の呼び名を使うことで、相手に「特別扱いされている」という感覚を持たせることができます。また、こうした呼び名には、**呼ぶ側も呼ばれる側も「私たちだけの内輪感覚」を感じられる**という良さもあります。

日本語の呼称文化は、こうした**距離感の調整がとても細やかにできる点で独特**です。英語にも似たような呼称はありますが、日本語ほど丁寧さや親密さを細かく表現できる言語はありません。ただ、**呼ばれ方の好みには個人差があるので、相手がどう呼ばれるのを好むか確認することも大切**です。こうしたちょっとした配慮が、より良いコミュニケーションにつながるのです。

距離が縮まるタメ口敬語の使い方

敬語を使いながらフレンドリーに話すスキル

読者のみなさんのなかには、いきなりタメ口にシフトするのは難しい……という方もいらっしゃることでしょう。実は、敬語を使いながらフレンドリーに話す方法がいくつかあります。そのひとつが、**ことばの「語気」を調整する**ことです。

「語気」というのは、簡単にいうと、ことばの覇気や勢いのこと。**発音や口調を柔らかくすると語気を弱める**ことができます。敬語は相手と少し距離を取る効果もあるため、語気を弱めることで、敬語のマイナス部分を補填し、穏やかで親しみやすい印象を与えることにつながります。例えば、「この件についてご意見をいただけますでしょうか」と直接的な言い方をするよりも、「この件、いかがでしょう？　何か気になることがあればぜひ教えてくださいね」と言った方が相手も穏やかで親しみやすく感じるのではないでしょうか？

一音一音をはっきり発音することはもちろん望ましいことです。そういう話し方をすると、**話し手の積極性、熱意、自信、信頼感、プロフェッショナリズムなどのポジティブな印象を聞き手に与える**という側面があります。しかし、はっきり発音するためにはいくつかの音は強く発音する必要があります。それが結局、強い語気となり、対人不安を抱えるような人々にとっては、**グイグイと強く迫ってくるような口調**に聞こえたりするわけです。

さらに、敬語で語気を弱めながら**WEコードに近い効果を得られる話し方も効果的**です。これは話の当事者を「あなた」ではなく、「WE（私たち）」にする方法で「Let's～（～しましょう）」がその好例です。「このプロジェクトを絶対に成功させてください」よりも「一緒にこのプロジェクトを絶対に成功させましょう」と言った方が語気が弱くなる上に、相手と自分を同じなわばりに引き込んだ「ウチのことば」で相手も受け入れやすくなります。

そして、話す速度も重要です。早口でガーッとまくしたてるような話し方をする人は、タメ口でも敬語でもその勢いのせいで相手に不安を与えがちです。穏やかに、ゆっくり話す方が、グイグイ迫ってくる印象は与えにくいはずです。

ここで、「言語情報」と「非言語情報」の違いについて知っておきましょう。言語情報というのは、「何を伝えるか」に主眼を置いた情報で、ことばそのもので伝えられるような情報を指すと考えてください。一方、非言語情報というのは、「どう伝えるか」に主眼を置いた情報で、表情、声のトーン、ジェスチャー、アイコンタクトなどの話者の意図や感情をより深く伝えるための情報を指します。

学者によって見解は異なりますが、**言語情報で伝わる割合は、おおよそ3割以下**といわれています。言い換えると、**大半は非言語情報によって伝わる**わけです。そして、タメ口はあくまでも言語情報。となると、非言語情報をどう活用するかが重要になってきます。

たとえ敬語を使っていても、非言語情報の部分に気を使って**柔和な口調にしたり、ゆっくりと丁寧に話したりする**などの工夫をすれば、**相手との距離感を調節することは可能**です。結局、タメ口を使えないことで不足する部分は、相手に対する敬意と思いやりを前面に出すことでカバーしていくことが可能なのです。

新敬語「○○っす」を使って相手との距離を縮める

「いいっすね」「そうっす」のように、「○○です」の代わりに「○○っす」のような形を用いる、若い世代の男性を中心とした新しい形の敬語が存在します。関東学院大学の社会言語学者・中村によると、この新敬語は、男性集団のように組織的な上下関係を尊重しつつも、親しさが求められるような状況のなかで使われるようになってきたとされています。具体的には、男子体育会系集団のように上下関係が存在し、それが重んじられる組織・集団でよく使われます。

どうしてそのような集団で新敬語が使われるようになるのでしょうか？　理由は、先輩や上司との上下関係を維持するために敬語を使うことが強く求められるからです。
しかし、敬語を使うことは、時として相手との距離も生み出してしまいます。そういう集団では、礼儀を重んじる一方、集団での団結力や所属意識を高めるために、**礼儀と同時に一定の親密さも求められます**。そこで、**敬語の形式や機能を維持しつつも、親しさを演出できるこの新敬語が使われるようになってきた**のです。

中村が指摘するように、「○○っす」は、「○○です」という表現を発音がしやすいように変化させたもの（「音便化《おんびんか》」といいます）ですが、さらに短くして「○○ス」と縮めることもあります。書きことばの場合には「カタカナ」にすることで「軽量化」もしています。こういう短縮化を通じて、ことばだけではなく、相手との距離も縮めている点は興味深いところです。

堅苦しさを感じさせない「大人のタメ口」

大人の世界では、敬語を使って話すことが標準的です。人によっては、同い年だろうが年下だろうが、敬語で話す方が楽という人も多いでしょう。かくいう私も、基本的に年齢を問わず、敬語を使うタイプです。

ただ、敬語にも軽い敬語から慇懃《いんぎん》すぎるくらいの敬語まで、ずいぶんと丁寧さに幅があります。例えばレストランでの会話で、相手に何か食べ物を勧める際に、「食べますか?」という場合と、「召し上がりますか?」あるいは「お召し上がりになりますか?」という場合では、丁寧さや堅苦しさに差がありますよね?

そういう意味では、語尾だけ「です・ます」にするくらいの、丁寧レベルが軽めの敬語は、タメ口に近いくらいのカジュアルさで話されることがあります。そういう敬語は、いわば**「大人のタメ口」**とも言えるでしょう。

楽しい会話をするには、やはり慇懃度の高い敬語を使っていると、なかなか打ち解けた感じが出にくかったり、よいリズム感で会話ができなかったりすることもあります。ですから、失礼にならないけれども、ある程度カジュアル度の高い敬語を使うということは社会人としては有用な能力になります。

堅めのコード・スイッチングで好印象

また、逆に、そういうカジュアルめの敬語を使ったコミュニケーションが「無標」となっているシチュエーションでは、**ここぞというときに、少し堅めのコード・スイッチングをすると好印象**が得られたりします。特に、本来はある程度ちゃんとした敬語を使うことがちょうどいい立場の相手だけれども、そこまで形式張らなくても大丈夫な会話をできるような状況である際は、余計にその効果が表れやすいでしょう。

そのようなシチュエーションの例は、**少し気楽な食事会の席**です。そういう食事会では、会話をスムーズに進行させるためにも、リズム感のある、あまり形式張らない敬語の方が会話はスムーズに進んでいくでしょう。しかしそんななかで、立場的にそこそこ目上の方に、「よろしければ、私が注文をお伝えいたします」というように、ポイントを押さえて尊敬語や謙譲語で話すと、配慮ができる人間だと印象付けられる可能性が高まります。こういった緩急《かんきゅう》の使い分けをすると、より相手の印象に残りやすくなります。

親しき仲にも「敬意」ありで挑むタメ口の世界

日本人にとって、「タメ口」ということばは単なるカジュアルなことば遣い以上の意味を持ちます。それは、親しみを示す一方で、礼儀知らずや侮蔑《ぶべつ》という誤解や不快感を招く可能性もある、微妙なコミュニケーションスタイルだということです。

一方で、最近ではフラットな関係を目指す集団も増えており、タメ口の使用が奨励される場面も見られます。このような環境では、タメ口を使うことで意見交換が活発になり、クリエイティブなアイデアが生まれやすくなるというメリットがあります。

タメ口を使う際に最も注意すべき点は、「ナメている」と受け取られる可能性です。敬意を欠いたことば遣いと見なされると、信頼関係が損なわれる恐れがあります。そのため、タメ口を使う際には、相手の反応や状況をよく観察することが重要です。特に、初対面やビジネスの場では、まずは敬語を用い、相手がカジュアルな態度を示した場合にのみタメ口を使うといった配慮が求められます。当たり前のことですが、今一度しっかりと認識し、意識して会話に臨むことが求められます。

このように日本人にとって、**タメ口は親しみやすさと誤解の狭間で成り立っています**。立場や状況に応じた適切なことば遣いとコード・スイッチングを心掛けることで、タメ口を効果的に活用し、より良い人間関係を築くことができるでしょう。重要なのは、親しみを持ちつつも、相手への敬意を忘れずに、タメ口を使いこなすことです。年上だろうが、同年代だろうが、年下だろうが、常に敬意を持って接することが大切なのです。

それは、ことばを超えて人として大切な部分です。「この人なら多少ぞんざいでも大丈夫」のような考えは、ナメていなかったとしても、甘えであり、危険です。そういった気持ちはことばの節々に現れるので、それが原因で相手に不愉快な気持ちを与えてしまうこともあります。**誰に対しても「親しきなかにも『敬意』あり」**という気持ちで接することが好意や信頼を生むコミュニケーションとなることでしょう。

このようなコミュニケーションの微妙なバランスを理解し、日本人ならではのことば遣いを深く掘り下げることで、より豊かな人間関係を築いていきましょう。

第3章

タメロへの抵抗感を取り除く方法

タメ口に対する抵抗感

タメ口は緊張を生み出す

タメ口に対して、ちょっとした抵抗感を感じる人は一定数います。特に、**対人不安を抱える人々にとって、タメ口の使用は緊張を伴います**。対人不安とは、人との関わりにおいて強い緊張や不安を感じる状態を指しますが、このような人々は他者とのコミュニケーションに敏感です。タメ口の使用には、1章で説明したようなリスクが伴うため、常に誰に対しても敬語を使うことで無難な距離感をつくり出し、自分が安心して行動できるなわばりのなか、つまり心の安全圏のなかで行動することができるわけです。

また、話し手のタメ口の使用が必ずしも聞き手のことを「ナメている」あるいは「軽んじている」と感じさせるわけではありませんが、話し手にとっては相手に親しみを示す意図のタメ口でも、その意図がまったく伝わらないこともあります。むしろ、**自分の**

なわばりにいきなり足を踏み入れられた印象になってしまい、距離感を感じさせてしまう場合があります。特に対人不安を抱えている人たちには、敬語で接した方が心の安心につながります。

一定数のアンチタメ口勢が存在する

誰にでもタメ口で話すことを好む、あるいはそういう態度に寛容な人たちがいるように、**年上に対して絶対にタメ口を使うことを認めないアンチタメ口勢**が世の中に存在しています。**形式を重んじる人たち**です。アンチタメ口勢は、敬語の伝統を守ることに強い意義を見出しています。

社会における秩序やルールを重んじる傾向が強い日本社会では、ことば遣いもその一環として重要視されます。伝統的に、目上の人に対する敬語は、社会的な秩序やヒエラルキーを維持するための手段とされてきました。ことばが人の認識や世界をつくるという考え方に基づけば、**敬語を維持することが秩序を保つために大切**だと考えられます。その意味では、間違った考え方だとは言えません。

また、こういった価値観は、個々人のもともとの価値観や経験も影響しています。例えば、厳格な家庭で育ち、幼少期から敬語の使い方を厳しく教えられてきた人々は、タメ口に対して強い抵抗感を持つことがあります。

アンチタメ口勢の存在は、敬語の重要性を再認識させる一方で、現代のコミュニケーションスタイルとの葛藤を生み出しています。

そういった規範《きはん》意識は大切ですが、ことばは生き物です。社会の進化と共に変わっていくものです。互いの立場を尊重しながら、柔軟なコミュニケーション方法を模索することが重要です。

タメ口に対する心のブロックの正体

タメ口に対する心理的抵抗感。その正体を理解するには多角的な視点が必要です。この「心のブロック」は、個人差こそありますが、文化、社会、そして個人の経験が織りなす複雑な心理の表れなのです。

日本人のほとんどが幼少期から、社会規範と礼儀作法を徹底的に教え込まれます。これが、まずは**タメ口への抵抗感の根底**にあります。**「こうあるべき」という話し方や振る舞いを教え込まれる**わけです。

敬語などの丁寧なことば遣いが礼儀正しさの象徴とされる社会で育っていますから、タメ口は「無礼」や「不適切」という感覚とも容易に結びつけて捉えられます。日本のいわゆる「タテ社会」の構造も、このことばの階層性をさらに強化し、タメ口への抵抗感を深めているのかもしれません。

また、この問題は単に表面的なことば遣いの問題だけではありません。タメ口は、心理的距離感、特に近い距離を意識させることばでもあります。**タメ口がつくり出す距離感**というのは、**人や場合によっては、「近づきすぎる」という印象を話し手自身にもつくり出す**ので、その心理的負担が抵抗感を生み出すということもあるでしょう。

さらに、ことば遣いは自己イメージやアイデンティティーと密接に結びついています。私たちは、ことばを話すことを通して、自分がどういう人間か、あるいはどういうふうに見られたいかということを日常的に表現しようとしています。フォーマルなことば遣いが自己表現、あるいは自己ブランディングの一部となっている人にとっては、タメ口を使うことが自己のイメージやアイデンティティーを脅かすと思い、抵抗感を生み出すこともあるでしょう。

過去のネガティブな経験も、タメ口への抵抗感を強化することがあります。過去にタメ口を使ったことが誤解や摩擦や相手からの拒絶を生み出した経験がある人は、「タメ口＝危険」という思い込みを生み出し、それ以後、タメ口を使うことを避ける行動につながる可能性があります。

このように、タメ口に対する心理的抵抗感は、さまざまな原因によって、しかも文化社会の構造なども絡んで生み出される複雑な現象です。ですが、**タメ口に対する心理的抵抗感は結局のところ「自己防衛」のための行動**です。他人からの評価を気にし、誤解や摩擦を避け、自己のアイデンティティーやイメージを守るために、私たちは無意識のうちにタメ口を使うことに慎重になります。文化や個人の経験が影響するなかで、タメ口を避けることは、自分を守り、リスクを回避するための自然な反応といえます。

タメ口がバカにされていると感じてしまう理由

タメ口は、仲良くなりたい相手だから使う場合も、**逆に相手との間に距離を置きたいから使う場合**もあります。後者のわかりやすい例は、相手を少し下に見ている場合です。**タメ口を使われると「バカにされている」と感じる**のは、さまざまな心理的・社会文化的な理由が関係しています。いくつか考えてみましょう。

まず、人は他者からどう見られているかをとても気にします。これを社会的評価理論といいますが、特に、敬語や礼儀を重んじる日本社会では、ことば遣いがその人の相手に対する評価や尊敬を表すものと受け止められがちです。だから、タメ口を使われると、相手が自分に敬意を払っていない、つまり**自分を軽んじていると感じてしまう**のです。

そして、タメ口を受け取る相手が自分に自信がない、物事をネガティブに捉える傾向がある人の場合は、さらに注意が必要です。タメ口はこうした状況で「礼儀を欠いている」と捉えられやすく、結果として「自分がバカにされている」と感じやすくなります。

また、日本では年齢や立場に応じたことば遣いが重視されます。こうした社会的ルールに従うことが求められています。特に、上下関係がはっきりしている場面では、敬語を使うことが相手への礼儀・ルールとして当然とされています。そのため、タメ口を使われると「ルールが守られていない」と感じ、**自分の場合には相手がルールを守らないでいいと思っているのだと捉え、「バカにされている」といった感情につながる**のです。

さらに、**タメ口は時に相手との権力関係・力関係を表す手段**になることがあるため、タメ口を使われることで「自分が見下されている」と感じることがあります。

特に、相手が自分よりも優位な立場にあると感じた場合、タメ口はその優位性を強調する行為として受け取られることがあり、これが「バカにされている」という感情を引き起こす原因となります。これは、レオン・フェスティンガーという心理学者が唱える社会的比較理論という行動で、人は他者との関係のなかで自分の位置を確認し、評価します。**タメ口を使われると、自分が相手よりも下に位置付けられていると感じ**、それが不快感につながるのです。

タメ口が相手の自尊心を脅かす

また、**タメ口が自己愛や自尊心を脅かすものと感じられる**こともあります。人は自分の評価が脅かされると防衛的になりやすく、タメ口を使われることが相手からの敬意が欠けている、ひいては自分への攻撃のように感じられ、不快感を覚えます。そして、その自己防衛心から相手に対して攻撃的な態度や否定的な態度を取ったりします。

この自尊心を脅かす原因は、過去の経験が影響していることもあります。以前にタメ口を使われて嫌な思いをしたり、誤解されたりした経験があると、それが心に残り、同じような状況に直面したときに再びその不快感が蘇《よみがえ》ります。

このように、**タメ口を使われると「バカにされている」と感じる感覚は、社会的なルール、自己評価、過去の経験などが絡み合って生じる複雑な心理現象**なのです。

ある意味、諸刃の剣でもあるタメ口ですが、あくまでも剣なので、うまく使えば効果的な武器となります。また、タメ口を使われたときに感じる感情の背景を理解することで、より上手に使っていくことができるようになります。

相手を理解して、タメ口を受け入れる

ことば遣いとパーソナリティー診断

ことばは、その人の人となりを示すといわれます。実際、タメ口傾向が強い人と、弱い人を社交性という軸から捉え直すと、以下のようなパーソナリティー・タイプに分かれます。

この診断は、どのタイプが優れているかを表しているわけではなく、それぞれの特徴を述べているだけです。これをもとに、それぞれのタイプがタメ口を上手に使っていくための改善策を提案します。

イケイケ型の人は、もともとある程度タメ口を挟むことは得意な方です。タメ口が適切でない場面、**相手の性格や好みに合わせる、タメ口の強さを調整する**ということも意識すると、さらにタメ口上級者の道が開けるでしょう。

図5　ことば遣いとパーソナリティー診断

	社交性低め	社交性高め
タメ口傾向	**マイペース型** ・無頓着で自由奔放 ・対人関係は消極的 ・自己主張が強め ・形式にとらわれない	**イケイケ型** ・オープンな性格 ・盛り上げ上手 ・協調性が高め ・柔軟性がある
敬語傾向	**静観型** ・礼儀正しく控えめ ・内向的で抑制的 ・慎重で計画的 ・分析的で細部にこだわる	**気配り型** ・礼儀正しく気配り上手 ・外交的で節度がある ・リーダーシップがある ・ネットワークづくりが上手

マイペース型の人は、少し空気を読むのが苦手なところもあるでしょうから、タメ口を使う際も、丁寧なことば遣いや穏やかなトーンを維持するように努めたりするといいでしょう。さらに、**タメ口を使う際に、相手への敬意を示すことばを適宜入れる**と、良い印象につながります。

気配り型の人は、相手への配慮はもともと得意な人です。その特性を活かして、タメ口を使いながらも、相手への配慮を忘れないことば選びを心掛けることで、より自信を持ってタメ口を挟むことができるようになるでしょう。

最後に、静観型の人は、人見知りだったり、社交が苦手だったりするので、**まずは親しい関係の人とのプライベートな場面に絞って、意識的にタメ口を使う練習**をしたり、タメ口を使う際の**不安や抵抗感について、自己分析**を行ったりするといいでしょう。

また、すべてのタイプに共通の注意点として、タメ口の使用は相手との関係性や状況に大きく依存するため、常に相手の反応を観察し、適切に調整したり、公式の場などタメ口の使用が「不適切」な場面では、敬語を使用したりすることを忘れないようにしなければいけません。

さらに、タメ口を使う際も、相手への敬意や思いやりの気持ちを持つことを絶対に忘れてはいけません。無論、ここに挙げたような方法以外にも改善方法や注意点はあるでしょう。自分に合った方法で実践してみてください。

大人になってもタメ口キャラの人の心理

2章に、大人になってもポリシーとして、誰にでもタメ口を使っている人がいると解説しました。この、ほかの人が敬語で話す場面でもタメ口を多用する人物像は、4つの分類に沿っていうと、主に「イケイケ型」と「マイペース型」の2つに大別されます。しかし、一見似ているように思えるこの2つのタイプは、その本質と動機において大きく異なります。

まず社交性の観点から見てみましょう。イケイケ型の人々は常に人々に囲まれ、場の中心にいることを好みます。彼らは**典型的な「陽キャ」**で人との交流を楽しみ、エネルギッシュな雰囲気を醸し出します。

一方、マイペース型の人々は、必ずしも人の輪の中心にいることを求めません。彼らは他人の期待や社会的規範に合わせようとするのではなく、**自分の内なる価値観や判断基準に従って行動**します。

タメ口を使用する動機も、この2つのタイプで大きく異なります。イケイケ型の人々にとってタメ口は場の雰囲気を和らげ、より親しみやすく話しやすい環境をつくり出すためのツールでもあります。**人々の距離を縮め、より活発で自由な交流を促進することが目的**なのです。時には、この行動がカジュアルすぎると批判されることもありますが、多くの場合、彼らの意図は純粋に人々を楽しませ、場を盛り上げることにあります。また、イケイケ型は自分に自信があるため、会話の相手に対する優位性を確保する手段としてタメ口を用いる場合もあるでしょう。

対照的に、マイペース型の人々のタメ口使用は、より個人的な選択に基づいています。彼らは、場の雰囲気や他人の反応にさほど関心を払わず、自分の信念や快適さを優先します。**マイペース型の人々にとって、タメ口は自己表現の一形態**であり、「これが本当の自分だ」という自意識の表れでもあります。社会的な期

待や形式的なことば遣いに縛られることを好まず、**自分のことばで率直に表現すること**
を重視します。

興味深いのは、これらの異なるアプローチが周囲にもたらす影響です。イケイケ型の人々のタメ口は、**時として場の雰囲気を一気に打ち解けたものにする力を持ちます。**しかし、**場合によっては不適切と受け取られ、摩擦を生む**こともあります。一方、マイペース型の人々のタメ口は、**一貫性があるため、周囲の人々は、最初は違和感を覚えることがあっても、徐々に慣れていくことが多い**です。彼らの率直さは、ときに新鮮で魅力的に映ることもありますが、形式を重んじる環境では不適応を引き起こす可能性もあります。

結局のところ、大人になってもタメ口を使い続ける人々の心理を理解するには、その人の性格、価値観、そして社会との関わり方を総合的に見る必要があります。彼らのことば遣いは、単なる習慣や無礼さの表れではなく、むしろ彼らの目的や信念やアイデンティティーや世界観を反映した、複雑で興味深い現象なのです。

逆に、敬語が使えない人がいる

世の中には、敬語が上手に使えない人が一定数いることも事実です。言語学には「精密コード」と「制限コード」という区別があります。精密コードは、**豊富な語彙、複雑な文法構造を用い、論理的で客観的な説明に用いることば**で、日本語では敬語がこれにあたります。一方、制限コードは、**比較的少ない語彙、単純な文法構造を用い、主観的な表現や省略が多い**のが特徴です。文脈や共通の理解に頼ることが多く、親しい間柄でのコミュニケーションに向いており、**タメ口は制限コードと言えます**。

制限コードは、その言語の母語話者であれば誰でも使える一方、精密コードは、一定の訓練が必要なコードです。習得に時間がかかるため、子供時代はあまり使えません。そのため、教育のレベルと結びつけて考えられることもしばしばあります。

そういう意味でも、タメ口はやはりすっぴんのことば。誰にでも使えることばですし、うまく使えば感情や考えを素直に伝えられることばでもあります。ですから、どこでどう使うかを見極めることが求められます。

敬語が嫌いな人もいる

世の中には、一定数、敬語が嫌いな人もいます。別に敬語が嫌いじゃなくても、ポリシーとして誰に対しても敬語を使わない人がいます。

そういう人々の心理には実にいろいろなパターンがあるようです。

敬語はしばしば形式的でカタい印象を与えるので、そういった形式主義への反発といった場合もあるでしょう。敬語は社会的な階層や立場の上下を強調するツールとしても機能するので、**権威主義や年功序列という文化に異議を唱えたいという強い意志がある**場合もあります。

また、敬語はある意味、社会人としては無標で無難なことばですが、**それをあえて使わないことでリスクを冒せる強さを誇示したい**という心理も存在します。そして、敬語じゃない方が近い心理的距離感をつくり出しやすいという場合、あるいは率直に意見を言いやすい、自己表現しやすいなどという場合もあることが考えられます。

いずれの場合にしても、敬語をあえて使わないことにしている人たちは、そこに個性を出したいなどの**自己表現やアイデンティティーというものが深く関わってきています**。敬語を使わないということは、日本という社会においては、失礼・無礼・非礼・生意気のようにマイナスの評価を受ける覚悟がないとできません。たしかに、常に誰に対してもタメ口だけで通す人たちは、メンタリティーが強めに見える気がします。

こういったタメ口は、**自分のポリシーや個性やアイデンティティーを打ち出すための手段**として用いられているという意味では、本書でこれまで見てきた**「会話のスパイス」的なタメ口とはちょっと違うことに留意**しておきましょう。

タメ口で失礼に見える人、失礼に見えない人

タメ口で話すことは、使い方や相手によっては、生意気に見えたり、失礼に見えたりすることもあるでしょう。しかし不思議なことに、タメ口で話すことがまったく生意気・失礼に見えない人たちがいます。

これは、歌舞伎などの伝統芸能における「型」と「(型)崩し」などになぞらえて考えるとわかりやすいかもしれません。歌舞伎などの伝統芸能には、基本となる、決まりきった「型」があります。まずはそれをしっかりと身につけていなければなりません。ただし、**基本の型を押さえずに崩しばかりをしていると、デタラメに見えてしまい、評価は下がります。**

「型」がきっちりできている上で、少し変化をつけた「崩し」が入ると「粋」に見えます。

つまり、これをタメ口の話として考えると、基本として、**ほとんどのところではちゃんと敬語を使いつつ、ここぞというときにタメ口を使える人**は「崩し」ができる人です。そういう話し方は、「粋」な、人の心を掴む話し方となるわけです。

タメ口が失礼にならないパターンとしては、これまで見てきたような、**感情や感想、引用や自分の話をするときのような、たまに投げる変化球的な臨時の使い方**の場合です。

ということは、まずはそこからスタートして、いろいろなシチュエーションでタメ口を入れてみて「崩し」の技術を磨いていくのです。

逆に、敬語をちゃんと使っていても、生意気、あるいは失礼に見えてしまう人たちもいます。

次に、表情が硬かったり、態度が冷たかったりすると、相手に対して不快感を与えることがあります。敬語はことばだけでなく、態度や表情とセットで伝わるものです。非言語情報にもちゃんと気を使うことが重要です。

使うことばや表現が過度に形式的だったり、不自然だったりすると、相手に違和感を与えることがあります。自然な敬語の使い方を心掛けることも大切です。**過剰にへりくだったり、相手を持ち上げすぎたりする**のも、不自然になって、**かえって相手に対して失礼と感じさせる**こともあります。「誉め殺し」などはその最たる例と言えるでしょう。

加えて、場の空気や状況にそぐわない敬語を使うと、相手に対して不適切な印象を与えることがあります。例えば、無礼講あるいはカジュアルな場面で過度に敬語を使うと、逆に距離を感じさせてしまうことがあります。

そして、**声のトーンが高圧的**だったり、**イントネーションが機械的**だったりすると、**敬語を使っていても相手に不快感を与えてしまいます**。そういった傾向がある方は、柔らかいトーンで話すことを試してみましょう。

さらに、ことばでは敬語を使っていても、行動や態度が相手に対して配慮が欠けていると、生意気や失礼と感じられることがあります。例えば、相手の話を聞かずに自分の話ばかりするなどの行動がそれにあたります。こちらはタメ口、敬語にかかわらず、会話をする上でとても重要です。詳しくは4章の「開示の量は5割が理想」をご覧ください。

自分の心にあるブロックを壊す

心のブロックの外し方1　経験を積む

すでに、タメ口を使うことに対して心理的抵抗が生まれてしまう原因についてはお話ししました。では、どうしたらそういった「心のブロック」を外せるのでしょうか?

認知行動療法的な考え方からすると、実はタメ口で話すことはそんなに怖いことではないという経験を何度かすることが大切です。無理矢理にでも少しずつ使ってみて、自分をタメ口に慣れさせることが定石です。

まずは、少し心理的距離感が近づいてきている人に対して練習がてらにやってみて、小さい成功体験を積み重ねていくことがおすすめです。心理的距離を縮める方法としては、例えば、共感を重視したコミュニケーションを取ったり、考えを共有したり、自己開示をしてみたりすると心理的距離を縮めやすくなります。関係をある程度築いた上で、慣れてきたら満を持して、距離を縮めるためのコミュニケーションツールとしてタメ口を使うわけです。

心のブロックの外し方2　脳を騙す

もうひとつの方法は、**脳を騙す方法**です。人間の脳は、頭蓋骨という暗い空間のなかに閉じ込められていて、自ら、見たり、触れたり、感じたり、聞いたり、味わったり、嗅いだりということができません。体から送られてくる情報を待っていて、それを解析して理解します。そして、その情報をもとに、今やっている行動に対して、体を最適化するように調整します。運動しているという情報が体から脳に送られて来れば、運動がしやすいようにアドレナリンを出すといった具合です。

無理矢理でも笑顔をつくると、楽しい気持ちになってきたり、背筋を伸ばすと勇気や元気が出てきたりというのも、この脳の働きによってもたらされる効果です。

そして、**脳はことばで騙す**こともできます。例えば、ハーバード大学のブルックスという研究者の行った実験では、人前でのカラオケやスピーチなどといった緊張する課題に取り組んでもらうときに、**「私は不安だ」というとパフォーマンスが下がり、「私はワクワクしている」というとパフォーマンスが上がった**そうです。

同じようなイメージで、「私は今、ノリノリだ！」とか、「私は今、無敵モードだ！」のように、自分を鼓舞することばを自分自身に投げかけて、コミュニケーションに臨んでみるのもいいでしょう。まずは自分を信じること。そこから始めましょう！

第4章

タメ口で話しやすくなる環境のつくり方

タメ口の環境づくりは自己開示から

自己開示は相手との心の距離を縮める

人間関係を深めたいとき、自己開示は重要な役割を果たします。自己開示というのは、**自分の内面や個人的な情報を相手と共有する行為**です。ニューヨーク州立大学のアーロンらが行った研究では、「最も大切にしている思い出は何ですか？」「もし水晶玉が自分自身や人生、未来、その他何でも真実を教えてくれるとしたら、何を知りたいですか？」「『○○を共有できる誰かがいたらいいのに……』この文を完成させてください」のような自己開示や相互理解を促す質問、そして**感情的なつながりを強化するような36の質問をすることで、短期間で強い親近感が生まれる**ことが確認されました。

この「アーロンの36の質問」と呼ばれる質問リストは、自己開示が親密さを促進することを示す一例です。これに「タメ口」を組み合わせることで、さらに心の距離を縮める効果が期待できます。

例えば、友人や同僚とカジュアルな会話をしているとき、悩みや夢をタメ口で打ち明けることで、相手に対する親しみやすさが増し、より深い共感を引き出すことができます。タメ口を使って相手にリラックスした感覚を得てもらい、自己開示で自分のことをオープンにすると、二人の間に強い信頼関係が生まれます。

特に、日本語の文化ではことば遣いが関係性を反映する重要な要素であるため、敬語の形式張った会話よりも、タメ口の方が相手に対する思いやりや親しみを効果的に伝えることができるでしょう。

自己開示とタメ口の巧みな組み合わせは、他者との心の距離を縮め、より親密な関係を築くための強力なツールです。**自己開示には、「返報性」の原理が働く**ことも知られています。つまり、自ら進んで自己開示することで、相手も自己開示をしてくる傾向があるのです。まずは試しに、次回の会話で、自分の気持ちや経験をタメ口で少しオープンにしてみてはいかがでしょうか。それが、お互いの心のつながりを生むきっかけになるかもしれません。

出典：Aron, A., Melinat, E., Aron, E. N., Vallone, R. D., & Bator, R. J. (1997). The Experimental Generation of Interpersonal Closeness: A Procedure and Some Preliminary Findings. *Personality and Social Psychology Bulletin*, 23(4), 363-377.

21. 愛や温かい気持ちは、あなたの人生においてどのような役割を果たしていますか?
22. パートナーの長所を5つ挙げてください。お互い交互に1つずつ述べてください。
23. 家族とはどれだけ仲がいいですか?　子供時代はほかの人より幸せだと感じましたか?
24. 母親との関係についてどう思いますか?

Set III

25. 「私たちは」で始まる文章を3つ書いて今の状況を表してください。例えば「私たちはこの部屋にいて○○と感じている」など。
26. 「○○を共有できる誰かがいたらいいのに……」という文を完成させてください。
27. 現在のパートナーと親しい友達になっていくことを想定して、彼または彼女に知っておいてほしい重要なことを教えてください。
28. パートナーのよいところを本人に伝えてください。初対面の人には言わないことを正直に伝えてください。
29. 今までに恥ずかしかったときの話をパートナーと共有してください。
30. 最後にほかの人の前で泣いたのはいつですか?　一人で泣いたのはいつですか?
31. 以前からパートナーのここが好きだと思っていた部分を本人に伝えてください。
32. 人からジョークにされたくないことは何ですか?
33. 今晩、誰とも会話をすることなく死ぬとしたら、誰に何を話さなかったことを後悔しますか? なぜまだその人に伝えていないのでしょうか?
34. 家、所有するものすべてが火事で燃えています。愛する人やペットを救出した後、1つだけ取りに行けるとすると、何を取りに行きますか?　またその理由は?
35. 家族のなかで、誰の死が最も悲しいですか?　それはなぜでしょう?
36. 個人的な問題をパートナーに打ち明けて、どう対処するかアドバイスを求めましょう。また、パートナーに打ち明けた問題を抱えていることに対して、パートナーがどう感じているのかフィードバックをもらってください。

図6　アーロンの36の質問

Set I

1. 世界中の誰でも選べるとしたら、ディナーのお客として誰を呼びますか?
2. 有名になりたいですか?　どのようなことで有名になりたいでしょうか?
3. 電話をかける前に話す内容を練習したことがありますか?　それはなぜですか?
4. あなたにとって「完璧な」一日とはどういうものですか?
5. 最後に自分のために歌ったのはいつですか?　また、誰かのために歌ったのはいつですか?
6. 90歳まで生きる、または心と体が30歳のまま60年間生きる、どちらがいいですか?
7. 自分がどんな死に方をするか、密かに予感したことはありますか?
8. あなたとあなたのパートナーの共通点を 3 つ挙げてください。
9. 人生で最も感謝していることは何ですか?
10. 自分の生い立ちについて何か変えられることがあるとしたら、何を変えますか?
11. 4分以内に、あなたの人生をできるだけ詳しくパートナーに話してください。
12. 明日起きたときに、何か1つの素質や能力を獲得できるとしたら、それは何ですか?

Set II

13. もし水晶玉が自分自身や人生、未来、その他何でも真実を教えてくれるとしたら何を知りたいですか?
14. 長い間やってみたいと思っていることはありますか?　それをしていない理由は?
15. あなたの人生の最大の成果は何ですか?
16. 友情において最も大切にしていることは何ですか?
17. 最も大切にしている思い出は何ですか?
18. 最悪な思い出は何ですか?
19. 1年後に突然死ぬと知っていたら、今の生き方を変えますか?　それはなぜでしょう?
20. あなたにとって友情とは何ですか?

自己開示の出発点は自分を肯定的に捉えること

日本人が欧米人に比べて自己開示をしないことは、多くの研究でも示されています。自分を曝《さら》け出して、それを受け入れてもらえなかったらどうしようという恐怖心がある場合や、「恥の文化」ニッポンにおいては、自分のマイナス評価につながりそうな部分を語りたくないという場合もあるでしょう。また、過去のトラウマや失敗経験などから自己開示をためらうこともあるかもしれません。

とはいえ、**自己開示は誰でも練習すれば身につけられるようになる**のも確かです。その前提として、まずは自分に自信を持ち、自身を肯定的に捉えられるようになることが大切です。他者と違うことを恥ずかしいと思うことがあっても、「そんな自分も好き」と捉え方を変えていくことで自己開示がしやすくなります。いろいろな人がいるから社会が健全に機能し、さまざまな考え方があるから新しいものが生まれます。あなた自身にもいろんな側面があっていいのです。

開示の量は5割が理想

自己開示の量については、すべてを曝け出さない方が賢明です。

名古屋大学の中村の研究によると、**自己開示をしなさすぎても、しすぎても、相手が魅力を感じてくれない**ことがわかっています。例えば、1対1で会話をしている場合、**5割から6割の自己開示が最も魅力的**に受け止められます。確かに、秘密主義の人も、自分の話ばかりする人も、話していてめんどうくさいなと思いますよね。相手の話を聞く比率と自分の話をする比率は、半々のイメージで話すようにしてみましょう。

また、会話が3人になると**3割程度の自己開示が最適**になるなど、人数によって比率は変わってきますが、**平等に時間配分することが最適**なのは変わりありません。

そして、ここでも一役買うのがタメ口です。タメ口は素のことばでもありますから、敬語よりも気を使わずに話せます。また、タメ口は距離を近づける話し方なので、自分のことについても、相手に対しても自己開示をしやすくする道具となるはずです。

自己開示をしやすくなる心の仕組み

ミラーニューロンの働きで、感情的なつながりを深める

ミラーニューロンというメカニズムが人間には備わっています。ミラーニューロンは、わかりやすくいうと、**他人の行動や感情などを「まねる」ための脳の仕組み**です。その働きによって、**私たちは他人に共感したり、他人の感情や痛みなどを理解したりすることができる**のです。ミラーニューロンの働きによって、私たちはほかの人が行動をしているのを見たときに、あたかも自分がその行動をしているかのように同じニューロン（神経細胞）の活動が脳内で起こるのです。

例えば、誰かが笑っているのを見ると、みなさんの脳内では笑顔をつくるためのミラーニューロンが活動し、あなたも自然に笑いたくなったりします。誰かが泣いているのを見ると、もらい泣きしたりします。これは、他者の感情や行動を理解し、共感するため

の脳のメカニズムとされています。**ミラーニューロンは、社会的なやりとりに大きく関わり、感情的なつながりを深める要素**としても注目されています。

ということは、ミラーニューロンの働きが強い人は、他人に共感しやすいということになりますから、**他人に「染まりやすい」**可能性が高まります。

他人に染まりやすいことは悪いことではありません。染まりやすいことは、裏を返せば、**適応力や柔軟性がある**ということにもなります。環境に合わせて自分を変化させる能力は、社会生活を円滑に進める上で重要な要素といえるでしょう。

また、「学ぶ」という語は、古語では「まねぶ」と読み、「真似」が語源になっているともいわれています。まねをすることは、学ぶこと。人間にとって、とても大切な行動なのです。

人の性格や傾向で、相手に染まりやすい人

染まりやすい人の特徴には傾向があります。まず、**他者の感情を敏感に察知し、理解しようとする高い共感性**を持っています。また、新しい環境や状況に柔軟に対応できる**適応力の高さ**もあります。人間関係を重視し、周囲との調和を大切にする傾向があり、**良好な関係性を築こう**と努めます。さらに、他者の行動や言動を注意深く観察し、模倣する能力に長けているため、観察力も鋭いといえますし、周囲の雰囲気や空気を敏感に感じ取る豊かな感受性を持っています。

一方で、周囲に染まりやすい人は、自分の個性や価値観を完全に失わないようバランスを取ることも大切です。他者の意見に流されやすく、自分の意見を持つことが難しくなったり、周囲に合わせすぎることで、自分の本当の気持ちを抑え込んでしまって、ストレスが蓄積しやすくなることもあります。周りに合わせすぎるばかりに、本来の自分を見失い、アイデンティティーが揺らいでしまう可能性もあるので注意が必要です。

このような染まりやすい傾向を持つ人が自分らしさを保ちながら社会に適応していくためには、まずは**自分の価値観や信念を見出して大切にする**ことで、それが他者からの影響を受けつつも自分の軸を持つことにつながっていきます。**自分の個性や長所を理解し、それらを大切に扱う**ことで自己肯定感を高めることもできます。

ミラーニューロンの働きが強く、他人に染まりやすい傾向のある人は、染まりやすいという特性を理解して、適度な染まりやすさと自己主張のバランスを取ることで、より豊かな人間関係と充実した社会生活を築くことができるのです。ということで、タメ口への切り替えが苦手な人は、まずはタメ口が上手な人を見つけて、まねしてみることから始めてみてはいかがでしょうか？

見た目を利用して自己開示する方法

髪を好きな色に染めれば、タメロが使いやすくなる⁉

というのは、実はあながちまゆつばな話でもなく、心理学の研究を見てみると、それなりに有効な可能性がある自分改革です。

顔や身なりを自分の好みにすることで自尊心を高めることができます。長崎大学の土居が行った若い女性を対象にした化粧と自尊心に関する研究で、次の3パターンで自分の顔を見てもらって、その際の脳の活動を計測しました。

①自己顔（ニュートラルな自分の顔）
②人工的に美しくした自己顔
③人工的に醜くした自己顔

結果、①~③の顔を見た後、後側頭部で記録されるN250という、刺激を提示してから250／1000秒後に現れる脳波の成分の振幅が、③人工的に醜くした自己顔に対して最も大きな変化が見られたのです。N250は、自尊心が低いほど、この脳波が増大することがわかっているので、この結果によって、本来の自己イメージよりも醜い自分の顔を見せられると、自尊心が低下するということが判明したのです。

タメ口を使えない理由のひとつとして、**自分に自信が持てない**からというのがありますが、自尊心が持てれば、自分を信じることができれば、自信を持って相手に接することができるので、タメ口も使えるようになる可能性が高まるわけです。

また、同志社大学の余語《よご》らの研究でも、メイクをすると自尊心や自己満足度が高くなり、さらに、**化粧をプロにしてもらうと不安感が減り、声が高くなる**ことが示されています。男性には化粧は少しハードルが高いでしょうが、例えば、ネイルなどをしてみるのも手かもしれません。

京都大学の平松の研究によれば、大学生15人にマニキュアを塗ってもらい、どのような感情の変化があったかを調べたところ、**緊張、疲労、落ち込みなどが若干減り、特に統計的には、リラックスという点で大きな変化があった**そうです。マニキュアは、鏡を見なくても自分の目に入るため、そういった効果があるのだろうと研究では述べられています。

こういった実験を総じて言えば、メイクをしたり、ネイルをしたり、髪色を染めてみたり、メガネを瞳がくっきり見えるコンタクトレンズに替えたり、まつ毛のエクステをやってみたり、丁寧にスキンケアをしたり、眉やヘアスタイルや整えたり、おしゃれな服を着たり、お気に入りの靴を履いてみたりするのはいかがでしょうか？　外見をよくすれば、自信が持てて積極性も出ます。その勢いでタメ口も使ってみましょう！

見た目のとっつきにくさを活かして、タメ口で一気に仲良くなる

ツンデレ——。ラブコメの王道ともいわれる、相手に好意を抱かせる最強のパターンです。ヒロインの女の子が、不良でとっつきにくい、嫌なクラスメートのことを、ふと

見せた彼の優しさに胸キュンして恋に落ちてしまうというようなパターンですね。

ツンデレというのは、ツンが非好意的な態度、デレが好意的な態度と言い換えることができます。ツンデレの有効性は、心理学の有名な実験でも示されています。ゲイン・ロス効果と呼ばれる原理で、ミネソタ大学のアーロンソンとリンダーによって提唱されました。

アーロンソンとリンダーが行った実験では、被験者が相手から以下の４つのパターンで評価されました。

①ずっと好意的（ずっとデレデレ）
②ずっと否定的（ずっとツンツン）
③はじめ否定的、のちに好意的（ツン↓デレ）
④はじめ好意的、のちに否定的（デレ↓ツン）

被験者は、それぞれのパターンで相手の印象がどうかを答えました。結果、評価の高い順から、③ツンデレ（7.64）①デレデレ（6.42）②ツンツン（2.52）④デレツン（0.87）

図７ ゲイン・ロス効果：ツンデレの有効性について

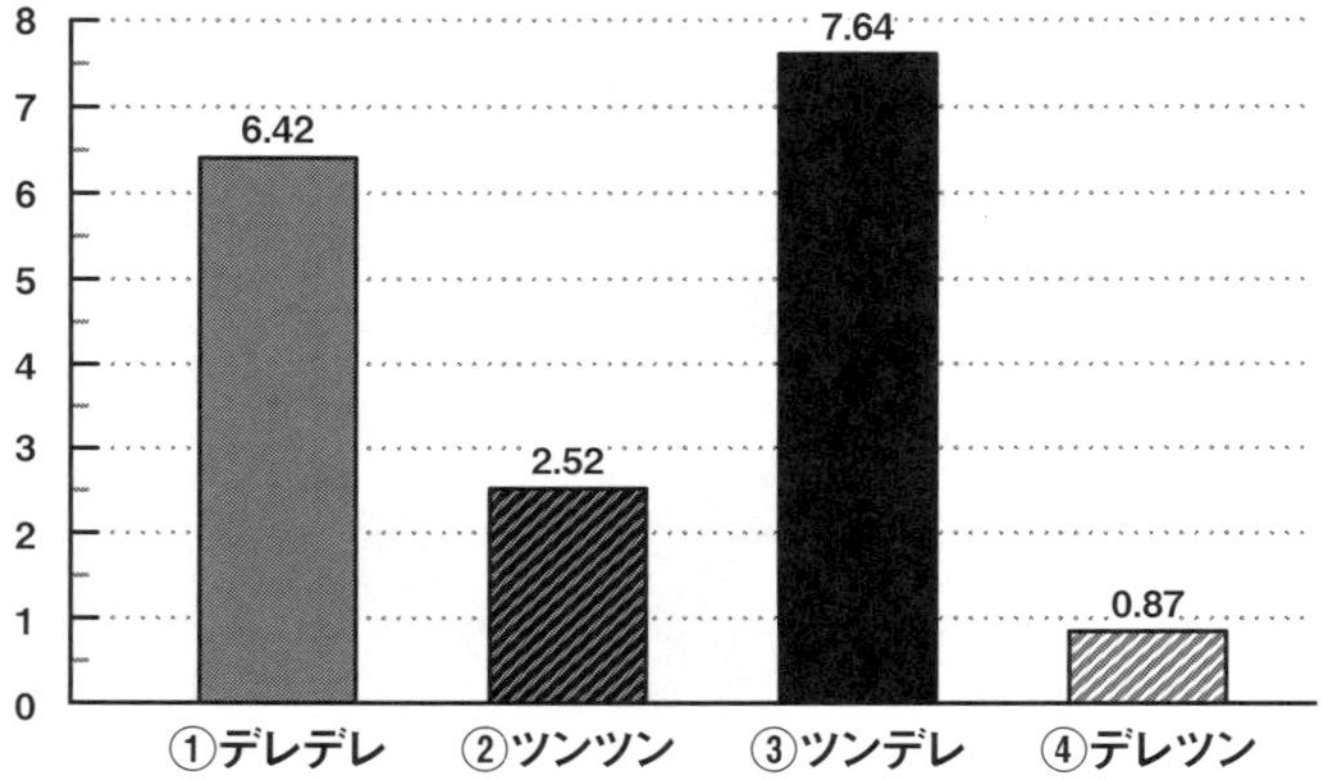

出典：Aronson, E., & Linder, D. (1965). Gain and Loss of Esteem as Determinants of Interpersonal Attractiveness. *Journal of Experimental Social Psychology*, 1, 156-171.

という結果になりました（カッコ内の数字はプラス10点からマイナス10点の基準で、何点平均になったかを示しています）。

これらの４つのパターンで一番評価が高かったのは、③ツンデレでした。その差は一番評価の低かった④デレツンと比べると約９倍！　**結局、最初はネガティブな印象でも終わりよければすべてよし**ということです。

また、最初に印象がいい人が最後に否定的なことをすると、結果的に印象がとても悪くなるということなのです。

これは、人間の認知のシステムとも深

く関わった現象です。人間は有標な物事に出くわすと、そこに注目します。具体的には、**ツンが標準となっているなかでデレに出くわす**と、そこに注目し、そこでデレが強調され、**普通以上に良い印象**で捉えるのです。逆に、デレが標準となっているなかでツンに出くわすと、そこに注目し、**より強烈に悪い印象を抱く**わけです。後者は最悪の結果となるのでくれぐれもお気をつけください。

もしあなたが**見た目がとっつきにくい「ツン」だとしても、逆にそれはチャンス**かもしれません。**タメ口は親しみを表現する手段で「デレ」**ですから、まさにツンデレという最強のパターンが構成されるわけです。もちろん、馴れ馴れしすぎるのもあまりよくないでしょうから、うまく調整しながらタメ口を挟み込んで、一気に心の距離を縮めましょう！

相手を知って、タメ口を使う

タメ口を受け取る相手の心境を知る

タメ口を使うときは、自分本位になってはいけません。話し相手の心境や性格も考えた上でタメ口を使うことが良質なコミュニケーションを生み出します。まずは、タメ口を使われたとき、相手はどう感じるかを6つのタイプに分けてみます。

①親しみを感じるタイプ

タメ口を「カジュアルなコミュニケーション」として捉え、話し手が自分に心を開いていると感じる場合です。親しい関係を築こうとしている、あるいはすでに関係が親密だと感じているため、タメ口を好意的に受け取ります。特に若者同士や、カジュアルな関係性を重視する環境では、このような反応が多いでしょう。また、**本書で繰り返し述べているテクニックもこの反応を狙ったもの**です。

②無礼だと感じるタイプ

相手の立場や年齢、状況に応じた礼儀正しいことば遣いを重視する人々には、タメ口を無礼と感じる人もいます。特に、年上や目上の立場にある場合や、**正式な場面では、タメ口を使われると「礼儀を欠いている」「尊重されていない」**と感じたりします。このようなタイプの場合、相手に対して不快感や距離を置く感情が生まれやすく、関係が悪化する可能性があります。

③距離感に迷いを感じるタイプ

タメ口を使われた際に、相手との関係性や距離感をどう捉えるべきか迷うこともあります。特に、まだ関係が浅い場合や、相手が自分より少し年上や立場が上のときに、このような心境が生まれます。この人たちは、**タメ口を使われることで親しみを感じる一方で、「これは正しい対応なのか？」と不安に感じる**ことがあり、コミュニケーションに微妙な緊張が生じます。

④軽んじられていると感じるタイプ

特に仕事や専門的な場面では、タメ口を使われることで、自分が軽んじられていると感じる場合があります。相手が自分の立場や専門知識を軽視している、あるいはその場の状況を軽んじていると解釈されることがあるため、タメ口を使われたこと自体にモヤモヤを覚えることがあります。

⑤対等さを感じるタイプ

タメ口を「お互いを対等に見ている証拠」として捉えます。職場や友人関係において、相手が自分にタメ口を使うことで、**「対等な立場だ」と感じ、リラックスして会話ができる**ようになります。この反応は、年齢差や地位の違いをあまり重要視しないフラットなコミュニケーションを好む環境に多く見られます。

⑥緊張やストレスを感じるタイプ

最後に、タメ口を使われることで緊張やストレスを感じる人もいます。このタイプは、タメ口を使われると近すぎると感じたり、あるいは近い関係を求められていると捉えたりして、**それに応えなければならないというプレッシャーを感じる**場合があります。

このように、タメ口に対する反応にはいろいろなものがあります。状況、相手、そのときの話題、会話参加者の感情、表情などの非言語情報など、さまざまな要因によって反応も変わります。一気に全部を意識するのは難しいでしょうし、実際、そこまで細かく意識する必要はありません。**相手の反応が好意的か非好意的かを見ながら、上手に調整**してみてください。

相手の心をほぐす方法

欠点や弱みが突破口

「心をほぐす」とは、対話のなかで相手の緊張を解き、リラックスできる状態へと導くことを指します。特に緊張しがちな場面や初対面の相手との会話において、相手の心をほぐすことができれば、信頼感や親近感を育むことができます。このような対話の技法には、**ありのままの姿を見せること、失敗しても許される空気をつくることが効果的**です。これらの方法を用いることによって、相手の心理的な安全感を生み出して、よりオープンなコミュニケーションや関係性を築くことができます。

まず、**相手に安心感を与えるには、自分を飾らずに見せることが重要**です。心理学の研究でも、自己の欠点や弱みを含めてありのままの自分を見せる人に対して、周囲が親近感を抱きやすいことが示されています。これは、この章で繰り返し登場した**「自己開**

示」で、**自分の内面や個人的な情報、特に弱みを相手と共有する行為**にあたります。人は、完璧を装う人よりも、人間らしい一面を見せる人に共感を覚えやすい傾向にあります。

例えば、自分の過去の小さな失敗談を話したり、思いがけない状況で戸惑った経験をシェアしたりすることで、相手に「この人も自分と同じように失敗した経験や悩みを抱えているんだ」と感じさせることができます。このように自己開示は、**相手との信頼関係を築くための架け橋**として有効です。

さらに、**会話のなかで「失敗してもいい」という空気をつくることも、相手をリラックスさせる**のに役立ちます。人は、自分が悪く評価されるのではないかという不安を抱えると、自然体で話すことが難しくなります。そのような状況にならないよう、最初から意識的に、**ミスをしても温かく受け入れる姿勢を示して**、自由に発言できる環境を提供するように努めましょう。このような環境下で心理的安全性が生まれ、相手も過度な自己防衛をする必要なく、リラックスした会話が可能になります。

誰も傷つけない、自分へのタメ口のツッコミ

また、自分のミスを自ら語るという方法を実践する場合にも、**タメ口を適切に取り入れると効果的に相手の心をほぐせます**。タメ口は、相手との対等性を演出する役割を持っているため、**対等な立場を意識させることによって、信頼感と親近感を抱かせます**。特に、相手がリラックスできるような場面で、散発的にタメ口を取り入れることにより、会話がさらに自然で親しみやすいものになるでしょう。

例えば、自分の失敗を語るときに「『ああ、何してんだろ？　オレ、アホやなぁ』とか思って、我に返りました」と、自分へのツッコミをタメ口にするのはいかがでしょうか？

このように、ありのままの自分を見せること、ミスを受け入れる空気をつくること、そしてタメ口の活用を通じて、相手の「心をほぐす」ことが可能になります。特に、初対面の人や緊張しやすい場面では、相手の心理的安全を考慮した会話が、より良い人間関係構築の土台となるのです。ただし、重すぎる失敗談や違法行為の話、そして過度な自虐は禁物。逆にドン引きされたり、共感や親近感を生み出すどころか、自分との違い

を感じさせたりすることにつながってしまうかもしれません。

うなずきと相づちで心理的安全性をつくる

それでも、初対面でいきなり失敗談を話すことが難しい、または状況や会話の相手によっては、弱みを見せることがふさわしくない場合もあるでしょう。そんなときにもできる、簡単なアクションがあります。例えば、終始笑顔で相手の話を聴く、相手が話す内容に対していつもより少し多めに「うん、うん」とうなずく、話の内容に対して柔らかいリアクションを示し、多少のぎこちなさがあっても、受け流す態度が効果的です。

東京大学の川名の研究にも、**適度なうなずきや相づちを打つ相手に対して、親しみやすい・親切・陽気などのポジティブな印象を抱き、好感度が高まる**ことが示されています。そして、**相づちを打っている本人も、相手に対して好意的に感じる**ことが実験でわかっています。うなずき・相づちをすることによって、話し手と聞き手の双方の好感度が同時に高まり、心理的安全性がつくり出されるといえます。

図8 50音順相づち表

会話が盛り上がること間違いなしの、褒め言葉に特化した相づち表です。タメ口やカジュアルな敬語でも、相手を心から認める褒め言葉だと失礼には聞こえません。「すごいですね」以外のレパートリーとして、ぜひご活用ください。

あ行	あります、あります	いいですねー	うまいなー	えらいなー	驚きました
か行	かっこいいなー	きてますねー	グッときますね	賢明です	興奮しますね
さ行	冴えてますね	しっくりきます	するどいですね	センスの塊ですね	尊敬します
た行	たまりませんね	違いがわかってますね	ついに！	天才ですね	とうとうやりましたか
な行	納得です／なるほど	ニコニコですね	ぬかりないですね	熱心ですね	ノッてますね
は行	パーフェクトですね	ぴったりですね	深いですね	勉強になります	本物ですね
ま行	間違いないですね	見事ですね	無敵ですね	名言ですね	持ってますね
や行	やっぱり	／	優秀ですね	／	余裕じゃないですか
ら行	ラッキーですね	立派ですね	ルンルンですね	レベルが高いですね	論理的ですね
わ行	ワクワクしますね	／	／	／	／

ノンバーバルで見せるリスペクト

ここまで、さまざまなタメ口の使用例をお伝えしてきましたが、タメ口を含むＷＥコードで話す際に、絶対に忘れてはいけないことがあります。それは**相手に対する愛情とリスペクト（敬意）**です。

年齢を問わず、相手に対するリスペクトが欠けた話し方は、相手に不快感を与えます。返報性の原理で、自分をぞんざいに扱う人に好意を抱くわけがありません。どんなコードで話すときにも必要ですが、**相手の社会的立場や年齢を問わず、相手に対しては常に愛情とリスペクトを持って臨んでください**。それを徹底するだけでも、あなたの好感度が上がるはずです。

しかし、そういったリスペクトの気持ちは、逆にことばだけで表そうとしても伝わらないことがあります。論語にも「巧言令色鮮《こうげんれいしょくすくな》し仁《じん》」ということばがありますが、これは、巧みなことばを使って人に愛想よくする人には、実は誠実さや思いやりの心が少ないということを表しています。

例えば、相手を心からリスペクトしていれば、顔だけではなく、体全体を相手に向けて、真剣に聴く姿勢になります。そして、自然とうなずきや相づちが出てくることでしょう。この**相づちが、相手の話をちゃんと聴いているという合図**になります。逆に考えると、うなずきや相づちが適度に入ると、相手へのリスペクトが伝わるということにもなります。

また、仲良くするといっても、**適度な物理的・心理的な距離感も大切**です。親しき仲にも礼儀ありで、あまり踏み込みすぎないことも大切です。近い仲だからこそ、適度に物理的・心理的距離を取り、相手が安心して話せるように気を使うことが肝要です。

7割のアイコンタクトで心地よい環境をつくる

効果的に相手にリスペクトを示すには、できるだけノンバーバルな部分で表現することをおすすめします。相づち以外にも、代表的なものはアイコンタクトです。これは、相手の目を見ながら話すことですが、じっと見すぎるのも日本文化では相手に不快感を与えます。研究によると、**日本人の場合は、会話の7割程度が自然でちょうどいい**ようです。確かに、じっと相手を見すぎると、人によっては圧迫感を感じることもあります。

自然界、そして世の中のすべての物事は、**不完全な方が普通で、完璧すぎるものは逆に不自然**です。そして私たちは無意識にそのことを知っています。ですから、例えば完璧すぎるほどに修整された写真、完全に無音の空間など、完璧なものには違和感や恐怖感を覚えます。同様に、**会話の時間の10割も目が合うアイコンタクトは、自然なアイコンタクトとは異なります。自然ではないが故に、違和感や恐怖感を覚える**のです。

そして言わずもがな「笑顔」は大切です。笑顔は相手に対して敵意がないこと、好意的に接しようと思っていることを示す合図です。笑顔の効果については多岐にわたるので、6章で詳しく説明します。

第5章

実践！
職場での戦略的タメロ

誰もが快適！　安心安全な職場のつくり方

相手との関係性や心の距離感を理解する

これまで繰り返し述べてきたように、**タメ口は親しみを感じさせ、距離を縮めるための有効なコミュニケーション手段**です。しかし、多くの場面では敬語が重んじられ、タメ口を使うことに抵抗を感じる人が少なくありません。では、どうすればタメ口も使えるような、円滑なコミュニケーション環境がつくり出せるのでしょうか？　これについては、ソフト面とハード面の両方から考えてみましょう。

まずはソフト面から。タメ口を使うためには、相手との関係性の理解が不可欠です。親しい友人や家族であればタメ口は自然に使われやすいものですが、職場や学校など、形式的な関係が多い場所では、まずは相手がどのようなコミュニケーションスタイルを好むかを見極めることが必要です。**相手が自分との距離感をどう捉えているかを尊重す**

ることで、タメ口を使うべきか否かが判断できるようになります。

特に、初対面や関係が浅い場合は、敬語から始めるのが当然無難です。ただ、敬語で話すことが大前提の関係であっても、敬語だけではむしろ慇懃《いんぎん》無《ぶ》礼《れい》になったりする場合もありますから、自分の感情などに関する部分で上手にタメ口を挟むことで、グッと印象が良い方向に変わったりもします。結局、敬語もタメ口も使い分けが大切だということです。

「言語行為」にあたる注意は、あえて丁寧に

次のソフト面として、リーダーシップの役割も大切な場合があります。職場やグループ活動の場では、リーダーがどのようなコミュニケーションスタイルを取るかが、全体の雰囲気に大きな影響を与えたりします。**リーダーが自らタメ口を使い、カジュアルな雰囲気を醸成**することで、ほかのメンバーもその雰囲気に合わせやすくなります。

ただ、特に**年齢や地位の差がある**場合には、**上から下へのタメ口の使用が高圧的に感じ取られやすい**こともあるので、**少し配慮が必要**です。

特に、注意などの聞き手になんらかの行動を促すような**言語行為**の場合は、**あえて敬語で丁寧にお願いする方が効果的**だったりもします。会話の内容、年齢や立場を含めた人間関係に合わせて、自身の感情表現に留めておくなど、聞き手に影響が少ないレベルのタメ口に抑えておく方がいい場合もあります。

職場のタメ口環境と心理的安全性

また、別のソフト面としては、**心理的安全性を確保**することも重要です。心理的安全性とは、**他者から批判されたり、攻撃されたりする心配がない状態**を指します。

例えば、コミュニケーションが不足している職場であれば、上司や同僚がフランクな意見交換を歓迎する姿勢を見せることで、部下やそのほかのメンバーは、安心してタメ口を使い、自由なコミュニケーションを行うことができるようになります。

このような環境をつくるためには、まず**「タメ口で大丈夫」「失敗しても大丈夫」というメッセージをリーダー的存在の人が繰り返し発信**し、メンバー同士が互いに尊重し合う雰囲気を育むことが求められます。

オフィスの形がコミュニケーションを活発にする

リラックスできる環境とフラットな組織構造

次に、ハード面の物理的環境について考えてみましょう。

まず、場所やシチュエーションの工夫は効果的です。例えば、会議室やオフィスのような正式な場では敬語が基本ですが、オフィスの休憩室やカフェなど、カジュアルな空間では自然とタメ口が使いやすくなります。**環境自体がリラックスしたものであれば、会話も自然とカジュアルでフランクになりやすい**のです。同様に、飲み会やランチタイムなど、**日常的なフォーマルさから解放された時間**も、タメ口を使う絶好の機会です。こうした場を意識的につくることで、普段は敬語が中心でも、タメ口のコミュニケーションを挟みやすくなります。

タメ口を使いやすい環境づくりは、信頼関係や心理的安全性を基に行われるべきもの

です。そのためには、リーダーシップや場所やシチュエーションの工夫が求められます。形式的な敬語から少しずつカジュアルなことば遣いに移行することで、よりオープンで親密なコミュニケーションが生まれ、結果として、話者同士だけでなく、組織やグループ全体の雰囲気が和らぎ、相互理解が深まるのです。**タメ口が自然に使える環境は、人間関係をより豊かにし、前向きなコミュニケーションを促進する鍵**となります。

タメ口環境をつくるためには、会話体の構造そのものの改革が必要な場合があります。伝統的な階層型組織では、上下関係が明確で、それに伴うことば遣いも厳格に求められていることが多いです。しかし、そのような暗黙の了解を見直してコミュニケーションを取ることへの垣根を低くするなど、フラットな組織構造を目指す必要があります。

役職や年齢に関係なく、誰もが自由に意見を言い合える雰囲気をつくることで、タメ口の使用がより自然なものになっていきます。

オープンスペースや服装で、ことば遣いがカジュアルに

前述した通り、物理的な環境はタメ口の使用に大きな影響を与えます。**固定された個人デスクや高い仕切りのあるオフィスでは、フォーマルな雰囲気**が漂い、タメ口を使いにくくなります。対照的に、オープンスペースのオフィスやカフェテリアのようなリラックススペースを設けることで、社員間の自然な交流が促進され、カジュアルな会話が生まれやすくなります（ただし、オープンにしすぎて丸見えにしてしまうと、従業員がプライバシーを守るために周囲を気にして、逆にコミュニケーションが減るというハーバード大学の研究もあります）。さらに、**ドレスコードをカジュアルにする**ことで、ことば遣いも自然とリラックスしたものになっていくでしょう。

タメ口を使用する環境づくりは、**単にことば遣いを変えるだけの表面的な取り組みではありません**。組織レベルの話になれば、当該組織の文化や価値観を根本から見直し、より開かれた、創造的で生産性の高い集団をつくり出すための包括的なアプローチにもなり得ます。その意味では、タメ口環境の構築は、組織のコミュニケーションを根本から変革する可能性を秘めた、挑戦的かつ魅力的な取り組みになるかもしれません。

複雑化する社内のコミュニケーション

年下リーダーvs年上部下の関係性で悩む人が続出

年上を尊重することは、日本という国において大切な礼節の一部です。とくに、敬語の使用などは、その尊重を示す良い例です。しかし、**年下の人が年上の人たちをマネジメントする立場になった場合**は、いろいろとやっかいな問題が出てきます。年齢差を超えてフレンドリーなコミュニケーションが基本なアメリカでさえ、こういった問題に多くの年下リーダーが直面しているようです。

もちろん、年上部下との会話のなかで「タメ口」を使うことは、「生意気」だと思わせてしまうリスクもあります。しかし、使い方次第では親近感や信頼感を生み出すこともできます。タメ口は、フレンドリーな雰囲気を醸し出す一方で、**上手に使えば、対等な関係性を表現するために役立つ手法**です。相手の年齢や文化的背景を尊重しつつ、適切な場面で使うことが重要です。まずは、**相手の反応を見ながら、少しずつフレンドリーな口調を取り入れることが賢明**でしょう。

ことば遣いで悩む前に、考えるべきこと

年上部下との会話は、話し方に気を付けるのはもちろん、**まずは相手の意見や経験に耳を傾け、協力の姿勢を示すこと**が信頼関係の構築に大きく貢献します。年上のメンバーに対しては、**彼らの経験を尊重し、これまでの知識を活かすよう努めましょう**。例えば、「こんなふうに考えているのですが、どう思いますか？」と尋ね、相手のフィードバックを促すのです。また、**過去のプロジェクトや現在の作業スタイルについて質問**し、**彼らの経験から学ぶ姿勢を示す**ことで、**相手に対する敬意や誠意**が伝わります。

良い上司は、自分の考えを押し付ける「ボス型」ではなく、相手の立場に寄り添いながら全体の方向性をコントロールしていく「リーダー型」だといわれています。心理学の研究でも、共感的なリーダーシップは信頼と忠誠心を高め、チームのパ

フォーマンスを向上させる効果があるとされています。年上の部下に何かしてもらいたいことがあるときに、命令のように上からのボス目線で行うのではなく、まずはどのように伝えたら相手が抵抗なく受け取りやすいのか、「リーダー型」の目線で考えてみましょう。

年齢差があるマネジメントは、リーダーとしての成長と学びのチャンスです。**フレンドリーでありつつも尊重の気持ちを持ち**ながら、**相手に寄り添ったリーダーシップ**を発揮することで、年齢の壁を越えた強いチームをつくることができます。

年下上司から年上部下へのことば遣い

近年、年功序列型の組織形態が変化し、年下の上司と年上の部下の関係がますます一般的になっています。この関係において、**タメ口と敬語を適切に切り替えることが、信頼関係を築く上で重要**です。サイボウズチームワーク総研の調査では、年下上司は年上部下のことを、「仕事を任せられる」「信頼できる」と感じている一方で、年上部下は「接しやすい」「話し掛けやすい雰囲気」を年下上司に対して求めています。この結

話し手と聴き手で築く、信頼関係「ラポール」

相手の意見を尊重し、耳を傾ける

話しやすい環境をつくる

果を踏まえ、適切なことば遣いがどのように相互理解や職場の円滑な人間関係に寄与するのか考えてみます。

敬語は、相手に対する敬意を示す機能に加え、社会的・組織的な階層を示す手段としての機能があります。しかし、先の調査では**年上の部下が最も重要視しているのは「部下の話を聞く」姿勢**であり、**必ずしも敬語にこだわっていない**ことが明らかになりました。**打ち解けて話ができる関係のことを「ラポール」**といいますが、ラポール形成の観点からも、単に敬語を使うだけではなく、相手の意見を尊重し耳を傾ける姿勢が大切です。

本書では繰り返し、適度なタメ口は心理的な距離を縮める効果があることを論じていますが、タメ口は対等性や親近感を生むことから、年上の部下が求める「接しやすさ」や「話し掛けやすさ」につながります。と同時に「上から目線だ」と相手に感じさせないためには、相手を不快にしないタメ口の活用が有効であり、形式的な敬語ばかりに依存しない柔軟なコミュニケーションを図ることが重要です。これによって、相手が意見を言いやすくなり、双方向のやりとりが促進されます。

タメ口は「いつから」ではなく、「場面別に」切り替える

敬語とタメ口の適切な切り替えは、信頼関係の構築に直結します。例えば、**重要なミーティングや意思決定の場面では敬語を用いる**ことで、**相手に敬意を払う意思を示すと共に緊張感を保ちます**。一方で、**雑談やちょっとした相談の際にタメ口を用いる**ことで**フランクな関係を築く**ことができ、年上の部下に対しても**「意見を言いやすい雰囲気」を提供**できます。

どの段階でタメ口に移行すればいいのか、という疑問を抱く人も多いかもしれませんが、**「いつから」ではなく「場面別に」ことば遣いを切り替える**ことも、相手へのリスペクトを定期的に、かつ継続的にことばで示す上で有効な手段です。

アサーションで好印象！　年上部下への指示の出し方

ビジネスの現場で年上部下に指示を出す場合、年下の上司は慎重なコミュニケーションが求められます。ここで有効なのが**「アサーション」**という手法です。アサーションは、**相手の立場や気持ちを尊重しつつ、自分の意思や要求を率直に伝える方法**です。年上部下との信頼関係を築き、円滑な協力体制をつくり出すための重要な戦略となりえます。端的な例としては、まずは相手を持ち上げてから、言いたいことを伝える場合です。

例えば、年上の部下に新しいプロジェクトの役割をお願いする際、「このプロジェクトで〇〇さんの経験が大きな力になると考えています。一緒に頑張っていただけると嬉

しいです」と伝えることで、部下に対する尊敬と要望が伝わりやすくなります。このように、**指示を出す際に相手の貢献やスキルを評価する姿勢を見せる**ことは、指示を単なる命令として伝えるよりも効果的であり、相手のモチベーション向上にもつながります。

アサーションを意識することで、年下の上司は自己主張と相手への配慮をバランスよく保ち、年上の部下が快く協力できる環境を整えられます。また、部下も自分が役立てることを実感し、上司への信頼感を持ちやすくなります。このような柔軟なコミュニケーションは、**上司自身にとっても負担を軽減**し、より良い職場環境の構築に貢献します。結果として、互いに尊重し合い、組織全体の成果を上げるために一丸となることができるのです。

○○さんの経験が
大きな力になります。
ぜひ一緒に頑張って
いただけると嬉しいです

年下からのタメロを受け付けない人もいる

しかし年下上司のなかには、タメ口を使ってみたものの、年上部下が受け入れてくれなかったという経験がある方もいるのではないでしょうか？

ことば遣いに対する考え方や期待は個人差が大きく、特にタメ口の使用に対してはさまざまな反応が見られます。なかには「年齢に関係なく、会社では敬語が普通」と考える人も一定数いることでしょう。こうした意見の違いから生じる不快感を軽減し、スムーズな人間関係を築くためにはどうするべきでしょうか。

ことば遣いは、一方的に押し付けるものではなく、相手の感じ方を大切にするべきコミュニケーション手法です。職場ではそれぞれの人間関係や文化があるため、年上の部下に対しても「このことば遣いで本当に良いのか？」と直接的・間接的に確認しつつ、適切な表現を選ぶことが望ましいのは言うまでもありません。

それを前提とした上で、まず、**タメ口を使うシーンや話題を見極めることが重要**です。

タメ口は親しみを表す手段として有効な一方で、**場合によっては馴れ馴れしさや軽視と捉えられる**ことがあります。先述したように、年下の上司が年上の部下に対して、雑談などのカジュアルな場面でのみタメ口を取り入れ、業務に関する指示や報告の際には基本的には敬語を使うことで、バランスの取れたコミュニケーションが生まれやすくなります。

業務内容に関しては、特に出会って間もない最初の段階では、敬語を基本とすることが無難です。敬語は相手に対する敬意を示し、**信頼を築く上での安全なスタート地点**となります。年上の部下も敬語で接されることで「尊重されている」と感じ、関係構築がスムーズになるでしょう。その後、信頼関係ができた段階で、2章に出てきた自身の**感情や心の声がことばとして漏れてしまったようなタメ口を適宜挟んでいく**など、ことば遣いを柔軟に調整していくことで、相手の受け入れやすい形で親しみを表現することが可能となります。

さらに複雑化する、立場逆転の関係性

年上の元上司が自分の部下になった場合

部下が年上で、しかも以前は上司だった場合、適切なコミュニケーションは特に慎重な対応が求められます。これは、年下上司の昇進や再雇用制度において、起こりえるシチュエーションかもしれません。

まずは、先ほども出てきたように、相手の経験や貢献を尊重し、リスペクトを示すことが大切です。以前に上司だった部下は、自身が長年社内で積み重ねてきた経験や知識に誇りを持っていることが多いため、業務の指示やフィードバックをする際には、単に指示を出すだけではなく、「◯

○さんの経験からもアドバイスをいただけると助かります」といった形で、**自分が知っている相手の経験や業績を具体的に示して、意見を求める姿勢を見せる**といいでしょう。

また、**相手を「チームの重要なメンバー」として位置付け、一緒に目標に向かっていることを意識させる**と効果的です。例えば、「このプロジェクトでは、みなさんの経験が不可欠です」と伝えることで、共通の目的を、年上部下を含めたチーム全体で共有し、ほかのメンバーにも**上下関係を必要以上に意識させすぎない**ようにすると、円滑な協力体制が築きやすくなります。

こういった配慮により、**相手は「以前の貢献が評価されている」と感じ、関係が良好に保たれます**。

年下の元部下が自分の上司になった場合

一方、逆の立場で、年下の元部下が自分の上司になった場合も、やはり、ことば遣いが信頼関係を築く鍵となります。まずは敬語を基調とし、相手が上司であることを尊重する姿勢が理想です。**以前の関係からくる馴れ馴れしさを避け、敬語を使う**ことで、相手も新しい立場を受け入れやすくなります。

ただし、親しい場面や日常の軽いやりとりでは、適度にタメ口を交え、関係性を柔軟に調整するのもコミュニケーションの改善においては効果的です。**年下の上司が敬語やタメ口を使い分けている場合は、こちらもそのことば遣いに合わせる**ことでバランスが取りやすくなります。これにより、敬意と親しみを両立させた自然なコミュニケーションが可能となります。

要は、ことば遣いを**「相手に敬意を示し、信頼関係を築く手段」**として意識し続けることです。敬語とタメ口を適切に使い分けることで、年齢や役職の違いを超えた円滑な関係が生まれ、仕事を進めやすい環境が整います。

相手が年配者でも、タメ口が必要な職場がある

私たちは大抵、年配者に対しては敬語を使うことが礼儀だと考えます。しかし、介護現場などの特定の職場では、利用者との信頼関係を築くために、タメ口がむしろ適している場合があります。こうした職場環境では、相手を尊重しつつも、親しみやすく接することが大切です。

敬語は相手に敬意を表す手段である一方、「よそよそしさ」や「距離感」は、時としてコミュニケーションの壁になってしまうことがあります。介護施設などでは、**利用者が「家庭的な雰囲気」を感じられる環境を提供することが重要**です。ここであえてタメ口を使うことで、まるで**家族と過ごしているような温かい空間**をつくり出し、利用者が心地よく感じられるようになります。

ただし、タメ口を使用する場合でも、慎重な配慮が必要です。利用者との信頼関係がまだ築かれていない段階でタメ口を使うと、不快感を与える可能性があります。初対面

や信頼がまだ浅い関係では、まず**敬語を使うことで相手に敬意を示し、相手が心を開いてくれるのを待つ姿勢が大切**です。関係が深まったタイミングで、徐々にタメ口に移行することで、相手も安心感を持ってコミュニケーションができるようになります。

職場でのタメ口でトラブル発生

性別が異なる場合は注意が必要

職場におけるタメ口の使用は、親しみやすい関係を生んだりすることもある一方で、性別が異なる場合には特に注意が必要な場合があります。特に、上司が自分にも「タメ口で構わない」と認めている場面でも、相手の反応や周囲の見方によっては予期しない誤解を招く可能性があります。

例えば、ある職場で「タメ口でもＯＫ」という上司の男性がいましたが、実際にその上司にタメ口を使っていたのは女性の部下一人だけでした。その結果、二人が親密であるという噂が広まり、不倫関係ではないのかと誤解されるに至ったそうです。このような噂は社内だけでなく取引先にも伝わり、カジュアルなコミュニケーションが双方にとって不利な状況を生む例となってしまったのです。このように、親しみやすさを強調するつもりが、周囲に誤った印象を与えることで、不本意なトラブルに発展することもあります。

また、タメ口を用いるのが特定の人のみの場合、ほかの同僚が違和感を覚え、社内の空気に影響を及ぼすことも少なくありません。そのため、性別が異なる場合には、**意図せぬ誤解を避ける**ために、ときに**慎重なことば遣い**が求められるということを肝に銘じておきましょう。あらぬ誤解を受けないように、**思い切って部下には平等にタメ口で話す**ことを実践している人もいます。

仕事の関係者とは、親しみやすさと同時に、職場全体に調和の取れた関係性を保つことを意識し、タメ口と敬語を適切に使い分けることが大切です。

先輩の家族から指摘を受けた例

職場つながりの関係であっても、職場や学校の後輩や先輩と家族ぐるみで親しく交流することは素敵なことです。そうなれば、コミュニケーションのスタイルも親しげなものになっていくのは珍しくないこと。しかし、その親しいやりとりが、本人以外の第三者によって「馴れ馴れしい」と感じられることもあるため、ときに注意が必要です。

ある人は、かつての職場の先輩と転職後もメールで情報交換を続けていましたが、先輩の奥様から突然「馴れ馴れしくしないで」と言われてしまった例もあります。

メールまで見られてしまうのは特別なケースだとしても、かつての職場の先輩かつ年齢差がある関係でカジュアルなコミュニケーションを取っている様子は、当事者たちはなんとも思っていなくても、それを見た周りの人間がヒヤヒヤあるいはモヤモヤすることはあるでしょう。

オーディエンス・デザインを取り入れて、トラブルを回避

こうした誤解を避けるためには、**オーディエンス・デザイン**という考え方を意識した話し方を心掛けてください。オーディエンス・デザインというのは、言語学の概念で、会話の聞き手を次の４つに区別します。

図９　オーディエンス・デザイン　話し手目線の関係性

	話し手に知られている	話し手に認められている	話し手から話しかけられている
聞き手	○	○	○
傍聴人	○	○	×
偶然聞く人	○	×	×
盗み聞く人	×	×	×

参考：Bell, A. (1984). Language Style as Audience Design. In Coupland, N. and A. Jaworski (1997, eds.) *Sociolinguistics: a Reader and Coursebook*, 240-50. New York: St Martin's Press Inc.

①話し手が認識し、存在を認め、直接語り掛ける相手「聞き手」(Addressee)

②話し手が認識し、存在を認めてはいるが、直接語り掛ける相手ではない「傍聴人」(Auditor)

③話し手が認識しているが、存在を認めてはいないし、直接語り掛ける相手でもない「偶然聞く人」(Overhearer)

④話し手が認識も、存在を認めもしておらず、直接語り掛ける相手でもない「盗み聞く人」(Eavesdropper)

私たちは、**どのオーディエンスまで意識するか**によって、**話し方や話す内容を変えていく**という理論です。

先ほどの例のように、会話の本人同士がカジュアルなスタイルでのコミュニケーションで問題ないのであれば、話し手と聞き手しかその場にいない①**「聞き手」のような場合は、当然タメ口でもいい**でしょう。しかし、②**「傍聴人」がいるときは、あえてカジュアルさを控えた方がいい**かもしれません。また、先ほどのメールのように③**「偶然聞く人」**あるいは④**「盗み聞く人」**に近い存在がいる可能性がある場合も同様です。

こういったオーディエンス・デザインを意識したコミュニケーションは、タメ口以外のところにも通ずる概念ですので、普段から取り入れることによって、より効果的でトラブル・フリーなコミュニケーション力を涵養《かんよう》することにつながるでしょう。

タメ口がパワハラになることもある

タメ口というのは、ときに上下関係を表す機能もあることばです。そのため、特に上下関係がある場面で、上司が部下に対して一方的にタメ口を使う場合、本人は何の気なしの発言であっても、相手が「軽視されている、尊重されていない」→「パワハラだ！」

と感じる原因になりかねません。

「パワハラ」とは、職場で自分の立場や権力を利用して、仕事に関係のないことや、行き過ぎた言動で相手に不快感を覚えさせたり、生活や業務に困難を与えたりする行為のことです。パワハラは、話し手がどんなつもりで言ったかということよりも、相手がどう受け止めたかの方が重要です。ここでP78やP151で登場した「言語行為」の話を思い出してください。言語行為とは、言語学用語で、発言によって注意やお願いなど、話し手が聞き手に行動を促したり、なんらかの影響を与えたりすることです。

こちらが「ジョーク」のつもりで言ったことでも、聞き手がそれを「侮辱《ぶじょく》」と捉えれば、それはハラスメントとなってしまいます。**言語行為は、話し手と聞き手の相互作用の結果として生まれるもの**で、話し手の意図とは別の形で実現されてしまうのはよくあることなのです。

タメ口が必ずしもパワハラにつながるわけではありません。例えば、年上の上司が年下の部下にタメ口を使う場合でも、友好的な関係があれば問題視されにくいでしょう。しかし、上司が威圧的にタメ口を使うことで部下の自尊心が傷つき、心理的なストレスを感じるようになると、「パワハラ」と捉えられる可能性が高まります。

また、タメ口の使用による力関係が固定化すると、部下が反論や意見を述べにくくなる場合もあります。仕事上の意見を交わしたり、問題点を話し合ったりするには、互いが尊重し合う姿勢が不可欠です。しかし、タメ口の使用が暗黙の上下関係を強化し、部下が「上司には逆らえない」という雰囲気を感じるようになると、健全な職場環境が損なわれ、業務上のコミュニケーションも妨げられます。

こうした状況を避けるためには、上司としては部下へのことば遣い、特に発言の結果がハラスメントとならないことを意識して、かつ**相手がリラックスして話せる環境を保つことが大切**です。敬語を基本にしつつ、適度にタメ口を交えることで、**親しみと尊重をバランスよく伝える**ことができます。また、タメ口で話す場合でも、相手の反応を見ながら丁寧な対応を心掛け、誤解や不快感が生まれないようにしましょう。

第6章

実践！　男女の戦略的タメロ

恋愛・婚活で相手との距離を縮める

婚活や恋愛のはじまりでタメロ需要は多い

婚活や恋愛の始まりにおいて、最も大切なのは、**相手に親近感を抱いてもらうことです。だとすると、WEコードであるタメロ**は、上手に使えば手っ取り早く**相手との心の距離を近づける効果的な手段**となりえるわけです。

ただ、性急すぎる接近は相手に警戒心を与えることにもなりかねません。婚活や恋愛のはじまりでは、これから特別な関係になる可能性を持った人との折衝《せっしょう》になるわけですから、より慎重に、強い警戒心で接することが多くなるでしょう。となると、**いきなりタメロで話し掛けると、馴れ馴れしく、相手への配慮が足りない**という印象を与えかねません。

人間は、基本的に、あまりよく知らない人が自分のなわばりに入ってくることを警戒します。特に、日本という国の大人の世界では、初対面では一定の心の距離感を持って接するのが礼節だという慣習が根強く残っているので、いきなりその慣習を破るような接し方は、驚きや警戒からドキッとされる可能性が高いです。

ただ、上手に使えば毒も薬になります。

心理学の**「吊り橋効果」**というのをご存知でしょうか。専門用語では**「基本的帰属錯誤」**と呼ばれます。簡単に説明すると、吊り橋を渡るときは、その不安定さから緊張や不安でドキドキするものですが、その状態のときに異性と接すると、そのドキドキを異性に対するドキドキと勘違いしてしまうというものです。信じがたい話ではありますが、実証実験によって効果が示されています。

異性からの急接近には、この吊り橋効果の話と似たようなところがあります。人間は、まだ関係ができあがっていない人が、突然、自分のなわばりに入ってくるとドキッとするわけですが、この「ドキッ」の理由をネガティブな「不安」ではなく、ポジティブな

「トキメキ」と思わせることができれば儲けものです。

では、そのようなポジティブな反応を引き出すためにはどうしたらいいのでしょうか。これもかなりケースバイケースですが、効果が高そうなシチュエーションとしては、やはり自分の本音や感情に関わる部分を伝えるときに**タメ口へのコード・スイッチングを行う**ことです。意外なタイミングでのタメ口は相手をドキッとさせられることでしょう。

敬語は、親密さや信頼感に対して障害になる

敬語は日本語において、礼儀正しさや相手のリスペクトを示す重要な言語形式です。リスペクトや好意を抱いているからこそ、ちゃんと敬語を使って相手に接しているということもあるでしょう。しかし、同時に、**敬語が親密さや信頼感を表現する上で障害となる**こともあります。

ここで、社会学者のアーヴィング・ゴフマンが提唱する、「フェイス（＝顔）」という

考え方をご紹介します。「フェイス」とは、個人が他者に対して示す社会的なイメージや自己の価値、尊厳を意味します。フェイスは「メンツ（面子）」と訳されることもあります。

そしてもうひとつ、ゴフマンの「フェイス」の概念を発展させたものとして、言語学者のペネロペ・ブラウンとスティーヴン・C・レヴィンソンが提唱した「ポジティブ・フェイス」（肯定的顔）と「ネガティブ・フェイス」（否定的顔）という考え方もご紹介します。これらは、日常のコミュニケーションにおける礼儀や配慮、そして対人関係において人々が感じる自己イメージの2つの側面を説明するための概念です。

ポジティブ・フェイスとネガティブ・フェイス

ポジティブ・フェイスとは、**自分が他者に好かれ、認められ、承認されたいという欲求**を指します。褒め言葉や励ましのことばは、相手のポジティブ・フェイスを満たすために用いられるコミュニケーションの手段です。

ポジティブ・フェイスが損なわれると、相手は恥ずかしさや屈辱感を感じたりします。

批判や侮辱的な発言は、相手のポジティブ・フェイスを脅かし、関係において緊張を引き起こす可能性があります。

そして、ネガティブ・フェイスは、**他者からの干渉や圧力を避け、自由や自主性を保ちたいという欲求**を指します。丁寧な依頼や断りのことばは、相手のネガティブ・フェイスを尊重するための手段です。

ネガティブ・フェイスが侵害されると、相手は不快感や圧迫感を感じます。強制的な要求や無礼な態度は、相手のネガティブ・フェイスを侵害し、相手に対して攻撃的な印象を与えることがあります。

あなたと仲良くなりたい人は、敬語で話されるとがっかりする

ブラウンとレヴィンソンは、この2つのフェイスの考え方から、「ポライトネス・ストラテジー」という相手のフェイスを脅かさないようにするためのコミュニケーションの戦略を提唱しました。簡単にいうと、**関係が円滑に進むように、相手のメンツや価値**

観を傷つけないように、相手と対話をしていく方法ということです。

コミュニケーションにおいては、相手のポジティブ・フェイスとネガティブ・フェイスの両方を意識して、これらを尊重することが重要です。例えば、相手を褒めながらも、**何かを依頼する際には、相手の自由を尊重するような表現を使う**ことが望ましいです。

一方で、敬語は異なる役割を果たします。敬語は礼儀正しさや尊重を表現するためのものであり、自分のなわばりの外側にいる相手として距離感を持たせることができます。敬語を使うことで「まだあなたとは親しくない」「一定の距離を保ちたい」というメッセージを無意識のうちに相手に伝えることになります。

ブラウンとレヴィンソンの「ポライトネス・ストラテジー」に沿って考えると、まず、タメ口をはじめとした**カジュアルなことば遣いは、ポジティブ・フェイスを満たすために有効**ということになります。タメ口は、相手に対して親しみやすさや信頼感を示し、なわばりの内側の人に使うことばですから、相手を仲間と認めることになり、**「自分が**

他者に好かれ、認められ、承認されたい」という欲求に応えることになるからです。

ポジティブ・フェイスとネガティブ・フェイスが逆転する瞬間

もちろん、権威のある人物やビジネスの場のように、礼儀や距離感が重要な場面や状況によっては、タメ口を使うことが相手を軽んじている、あるいはナメていると捉えられる場合もあります。つまり、**相手のポジティブ・フェイスを侵害してしまう**可能性があるわけです。日本文化においては、距離を置くことが相手を尊重しているということになります。そのため、なわばりの内側の人に対することば遣いであるタメ口は、尊重していないという印象を与えてしまうわけです。ですから、そんなときは、**敬語を用いることで相手のポジティブ・フェイスを尊重**することができます。

また、敬語は、相手のネガティブ・フェイスを尊重することにつながるときもあります。つまり、**相手の自主性や自由を尊重する働き**をすることもあります。敬語はなわばりの外に相手を置きますから、相手との間に距離ができます。距離があれば当然**相手の**

自由度は高まります。結果、相手の**ネガティブ・フェイスを守る**ことができるわけです。

一方で、あなたと仲良くなりたい、つまり、**距離を縮めて親密な関係を築きたいと考える相手に対しては、敬語を使いすぎることで逆に壁をつくってしまうリスク**があるわけです。このように、カジュアルなことば遣いと敬語の使い分けは、コミュニケーションの目的や関係性、状況に応じて調整しなければなりません。

タメロの使い方に男女差がある？

脳科学から見る、男女のことば遣い

脳科学的には、男女の脳の使い方には違いがあることが指摘されています。男性の脳より女性の方が、左右の脳半球をつなぐ脳梁《のうりょう》が太いため、右脳（感情や非言語的処理に強い）と左脳（論理的・言語的処理に強い）の連携が男性よりも効率的に行われやすいこと、脳の血流も男性より女性の方が活発的なことが挙げられます。また、女性の方が**「メタ表示能力」が優れていて、共感性が高い**ことが指摘されています。メタ表示能力とは、自分や他者の感情や意図、認知の状況などを把握し、それに応じた行動を取る力のことを指します。

例えば、女性は、他人の表情や声のトーン、ジェスチャーなどの非言語情報を敏感に読み取り、それに応じた適切な反応が男性より上手な傾向があります。この能力が優れているために、共感的な要素が影響しやすく、他者の視点を積極的に取り入れることが得意とされています。

男女間の脳の特性の違いが**ことばにも影響**を及ぼしています。例えば、**女性は一般的に言語処理や言語表現**において高い能力を示すことが多く、一方で**男性は論理的な分析や問題解決**に適した脳の傾向があるといわれています。

女性は**言語処理に関わる脳領域が左右の脳半球でバランスよく発達**しています。特に、**感情を表すことばや人間関係に関わる表現に敏感**で、他者と共感しやすい言語表現を使用する傾向が強いといわれています。また、感情的なニュアンスを含む形容詞や表現を豊富に用いることも指摘されています。一言でいえば、**人**

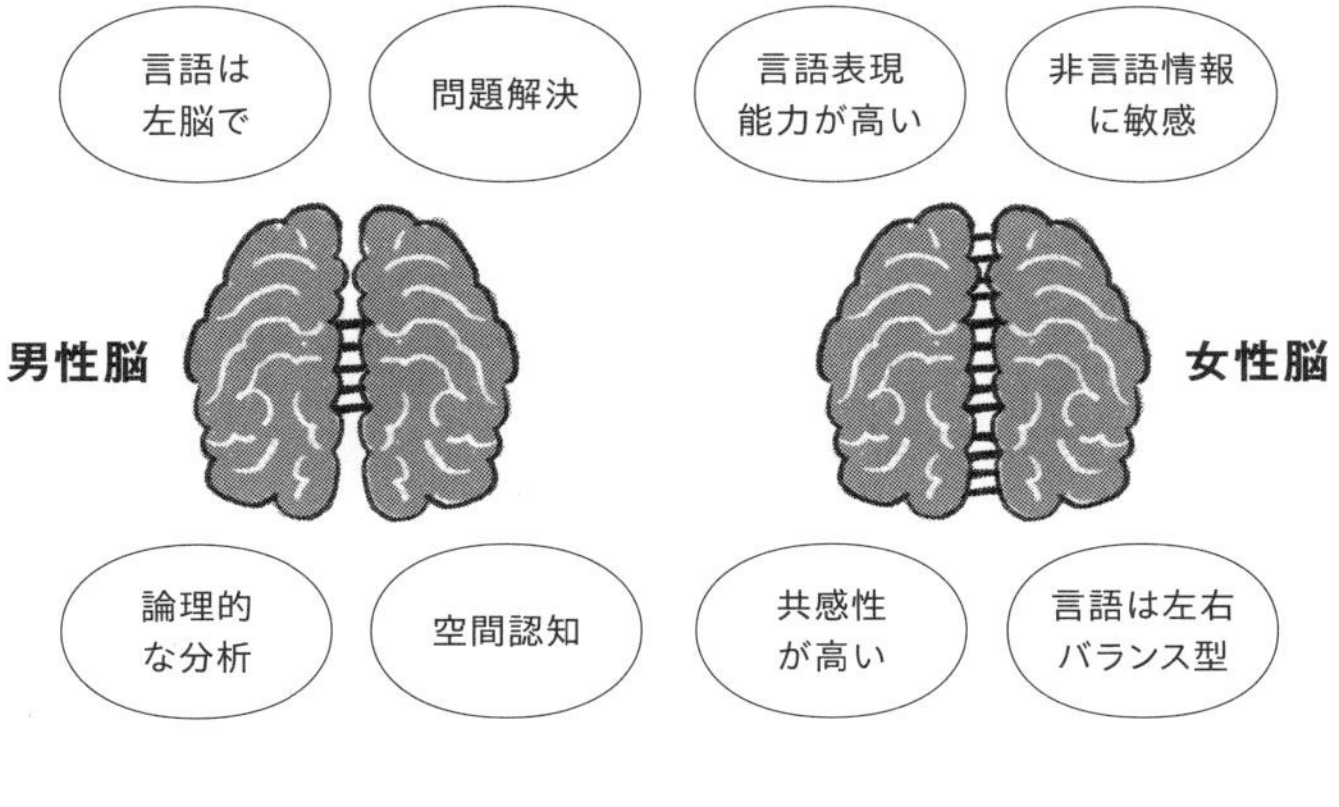

間関係を構築するための言語使用の能力に長けているということでしょう。

一方、男性の脳は一般的に空間認知や問題解決に強みがある一方で、言語運用は左半球に偏りやすく、論理的・分析的な表現を得意としています。これは、言語を通じて「意図を伝える」「問題を解決する」という、目標志向的なコミュニケーションスタイルに反映されます。また、情報伝達を重視したコミュニケーションスタイル（「レポート・トーク」といいます）だということも指摘されています。そのため、**男性は説明や意見を簡潔に伝えようとする傾向**があり、余計な感情的表現やニュアンスをあまり盛り込まず、事実や結論を強調することが多いわけです。

もちろん、**こういった違いは、あくまでも傾向**であり、すべての人に当てはまるわけではありません。**男性でも女性的な脳の特性を持った人、女性でも男性的な脳の特性を持った人もいます**。また、あくまでも基本的な傾向であって、**経験や訓練によって変化することも**あります。職業などによっても求められる資質が違うので、それに順応して脳の使い方も変わってくることがあるでしょう。

進化心理学で読み解く、女性がタメロになりやすい理由

タメ口の使用は、男性と女性の間でも差があります。

女性の方が、**男性よりも年齢差や立場の差を超えて使う機会、使える機会が圧倒的に多く見られます**。これは、**女性の進化心理学的な違いに基づく差**です。男女のコミュニケーションの根本的な差異として、男性は得てして優劣を競う**「マウント取り合戦」**になりがちなのに対して、女性は**「共感してつながる」**タイプのコミュニケーションを好みます。

これは実際にあった話ですが、お互いに初対面の夫婦2組が同じテーブルに座り、「おいしい焼肉屋」をテーマに会話をしていました。男性同士は、どこの焼肉屋がおいしいかということを**議論**し、「○○は行ったことありますか?」「○○って知ってます?」のように、総じていうと、自分と相手のどっちがよりおいしい焼肉屋を知っているかという情報のマウント取り合戦をしていたのに対し、女性たちは「○○っておいしいですよね?」「自分で焼かないタイプの焼肉のお店が好きなんですよね」「わかるー」のように、

お互いの話に**同調**して、**共感**して会話を進めていく傾向が見られました。

人気漫画の『闇金ウシジマくん』のなかに出てくるセリフに、「男は意味があることしか話さない。女は話すことに意味がある」というものがあります。社会言語学者のデボラ・タネンなどによっても指摘されていますが、女性は、会話の雰囲気や**相手との関係性の構築を重視**した会話スタイル（「ラポート・トーク」といいます）を好みます。共感というのは、良い雰囲気や関係をつくり出すのにとても有効なのです。

タメ口には、相手と自分の関係が対等であることを表す機能もあります。女性同士では、年齢や立場の壁を越えてタメ口を使うことによって、つながりをつくり出しやすくできるので、しばしばタメ口が用いられるわけです。

進化心理学で見る、距離を近づけるための類似性、相補性

タメ口そのものの話ではなくなってしまいますが、仲良くなるための第一歩は相手と

の類似性だということを示す研究があります。自分に類似している人間の方が行動や思考のパターンを予測しやすいので、危険が少なく、親近感を抱きやすいのです。

進化心理学の視点から見ると、**人間は本能的に信頼できる相手、そして他者と親しい関係を築くことを求めます**。この親密さや信頼を伝える手段のひとつがことばです。カジュアルなことば遣い、冗談、スラングなどは、相手との親しさを示す「合図」として機能します。これらの「ことば」は、相手に「私たちは仲が良い」「お互いに信頼し合っている」というメッセージを伝えることができます。

脳科学で読み解く、男女のことばの認識

女性のことばを処理できない男性

男性って鈍《にぶ》い。そう感じたことがある女性も多いのではないでしょうか？　前の項で男性と女性の脳の構造的違いを説明しましたが、その違いこそが男女の認識の違いの原因です。一般的に、**男性の脳は主に左脳がよく働く傾向にあり**、ことばの理解が論理的かつ直線的に進みがちです。感情や微妙なニュアンスの理解には右脳も関わりますが、左右脳の連携が弱いため、女性のように複雑で感情的な言語表現の処理に困難を感じる場合があるのです。

男性は表面的な意味だけを捉え、背後にある感情を見逃してしまうことが多く見られます。例えば、カップルでケンカをしているようなシチュエーションで、女性からの「説明して」ということばに対して、男性が誠意を持ってきちんと論理的に説明したところ、

「そんなこと聞いてない」と女性が怒ってしまう……というケースがあります。実は女性としては誠実な説明が必要なわけではなく、「単に謝ってほしいだけ」だったというようなことはよくあります。このような場合でも、**男性はことばをことば通りにしか理解できず、**「鈍い」と思われてしまう傾向にあるわけです。逆に男性には、女性のことばは深く映りすぎて、理解するのが大変だと思われることがあります。

とある実験で、男女の参加者に感情が含まれた文章を読ませたところ、女性の脳では、ことばの意味を理解する部分と感情を感じ取る部分が同時に活発になり、文章の裏にある感情的な意味をすぐに捉えやすいことがわかりました。一方、男性の脳は、まず、ことばの表面的な意味に集中し、**感情的な意味を理解するのに別のプロセスが必要となる**ため、女性よりも時間がかかりやすいことが確認されました。この結果から、男性は感情が込められたことばを瞬時に理解することが難しく、**女性の気持ちや微妙な意図を読み取りにくい傾向がある**ことが示されています。

このように、男性の思考回路と女性の思考回路、男性と女性の脳の違いは、パソコンのOSに例えると、WindowsとMacくらいの違いがあり、**同じような作業ができているように見えても、その処理の仕方は大きく違っている**わけです。そう考えると、ときに**男女間でことばが「文字化け」して伝わってしまう**ことも納得できますね！

盛って伝える女性のタメ口に注意

男性のみなさんは、普段の会話のなかで女性から「すご〜い！」と言われ、少し浮かれてしまった経験があるのではないでしょうか？

しかし、その**「すご〜い！」は、実はあまり深い意味を持たないことが多い**のです。私自身も、その真偽を確かめるべく、多くの女性たちに話を聞いてみたところ、実際にはその「すご〜い！」は、邦楽の「合いの手」のように、**単なる会話をスムーズに進めるための反応**であるという答えがほとんどでした。

言語学者のロビン・レイコフは、**女性のことばの特徴として「表現が大袈裟になる」という傾向がある**ことを指摘しています。これは日本人女性の「すご〜い！」にも当てはまります。とりあえず、相手の話に普通の反応をして、相手の気持ちを損なわないように、ちょっと盛って相手を喜ばせてあげる。これは、人間関係の構築を重視する「ラポート・トーク型」ならではのコミュニケーションともいえます。ラポート・トークとは、心理学用語で、信頼関係や親密さを深めるためのコミュニケーション方法のことです。「すご〜い！」が、年上相手であってもタメ口であることが多いのは、ラポート・トークを狙っているためと考えられます。

したがって、この「すご〜い！」は、あくまで会話の流れを良くするための反応であり、**実際に「すごい」と思っているとは限らない**のです。言い換えると、**女性の「すご〜い！」は「へぇ、そうなんだ」くらいの軽いリアクション**と考えるとちょうどいいでしょう。

だからこそ、男性のみなさんは、女性から「すご～い！」と言われたとしても、過度に期待せず、謙虚に受け止めるのが賢明です。

さらに注意したいのは、仮にそれが社交辞令だったとしても、「本当はそう思ってないだろ？」などと追及しないことです。こうした発言は、場の雰囲気を壊し、気まずい空気をつくってしまいます。むしろ、**「女性は盛って並」と考え**、軽いリアクションを楽しみつつ、スムーズな会話を心掛けましょう。

多様な意味がある、女性のことば

女性の「モテるでしょ？」は解読不可能⁉

女性からの「モテるでしょ？」という質問は、男性にとって少し戸惑いを感じることもありますが、このことばにはさまざまな心理が隠れています。単に会話を続けるための社交辞令であったり、男性に対する興味や好意の表れだったりと、場面やことばの裏にある意図を読み解くことがとても大変です。

まず、「モテるでしょ？」は、褒め言葉のように聞こえますが、女性が必ずしも真剣にその男性が「モテる」と思っているわけではありません。**多くの場合、この質問は会話を続けるための潤滑油**であり、いわば**社交辞令の一種**です。女性は、良い関係性を構築することを目的とした会話形式を好むわけですから、相手を立てたり、少しおだてたりすることで場を盛り上げ、リラックスした雰囲気をつくろうとします。

しかし、一方で「モテるでしょ？」が**好意の表現**であることもあります。女性がこのことばを使って相手の彼女の有無や、過去の恋愛経験を探ろうとしている場合、これは**「ジャブ打ち」ともいえる心理的なアプローチ**です。関係性が構築できていない段階では、「彼女いるの？」と聞くのは直接的すぎて気が引けるため、「モテるでしょ？」という間接的な表現を使うわけです。この場合、男性の返答次第では、女性の好意がさらに発展する可能性もあるでしょう。

さらに、女性の「モテるでしょ？」が**皮肉や軽蔑のニュアンスを含む**こともあります。男性が自慢げに恋愛経験を語ったり、複数の女性との関係を匂わせたりする様子に呆れを感じると、女性は、あえて「モテるでしょ？」ということばを使って**間接的に不信感を伝える**ことがあります。この場合、「モテる」と評価するよりも、むしろ**その軽率さを暗に指摘している**わけです。

このように、女性のことばには、ことばの裏にいろいろな意味が存在しがちなので、男性は「モテるでしょ？」と言われた際に単純に喜んだり、好意を過剰に期待したりせず、**相手の意図を冷静に見極めることが大切**です。

女性の「モテるでしょ？」へのベストな返答

女性の「モテるでしょ？」への適切な返し方としては、まず素直にお礼を言うことが無難です。その後、軽いユーモアを交えて「そう見えたのは◯◯さんのおかげかも」と答えたり、「実際にはそこまでではないけどね」と謙虚な姿勢を見せたりすることで、相手に心地よい印象を与えることができます。また、もし**会話を深めたい場合には、「どうしてそう思ったの？」とさりげなく理由を尋ねてみる**のもよいでしょう。

最終的には、**女性の発話のこうした意図を読み解く力**が、**女性との円滑なコミュニケーションを支えるカギ**となります。女性がどのような心理で「モテるでしょ？」と聞いているのかを考えながら、相手に好印象を与えるリアクションを心掛けることで、関係性がより良好に発展していく可能性が広がります。

「かわいい」の3つの用法

同じ「かわいい」という語彙でも、男性と女性の間では意味や使い方が異なります。男性は、**自分のセンスに忠実に「かわいい」と思ったもの（だけ）を「かわいい」**と形容します。一方、女性の使う「かわいい」には**3つの用法**があるようです。

①男性と同じく、自分のセンスに照らして、かわいいと思える人やモノに対する形容詞としての「かわいい」

②女性らしさを演出することばとしての「かわいい」

③共感を示して相手との関係性を調整するためのことばとしての「かわいい」

②の演出としての「かわいい」は、どちらかというと女性が好んで使う**「女性語」に分類されることば**です。ちょうどスカートをはく感覚と同じで、**「かわいい」というこ**

とばを使うことが女性らしさを演出する効果があるわけです。

また、③の共感の「かわいい」は、何かを（その対象がそこまでかわいいものでなくても）「かわいい！」と、会話の相手と一緒に発することで、**共感や連帯感を生み出します**。これは、**タメロにも通ずる距離感を調整するための強力な武器**なのです。特に③の「かわいい」は年上・年下関係なく使えるうえに、しかもタメロで言ったとしても失礼にならない非常に便利なことばです。

男性は、この**②と③の「かわいい」の意味合いを理解していない**ため、女性が「かわいい」と言ったときに、「え？　どこが？」と言って、女性の気分を害してしまったりします。

このように、同じことばでも、**男女の間で意味や使い方が異なる表現は実は数多く存在します**。まずは、「かわいい」の意味や使い方が男女で違うことを理解し、コミュニケーションに臨んでみましょう。

タメ口に誘導するコツ

恋の発展段階では、男性のタメ口率が高い

男性より女性の方が、その言語を話すコミュニティーのなかで、より標準的なもの、良いとされているものを使う傾向があることが社会言語学的研究で観察されています。その理由として、女性の方が他人から自分がどう見られているかを意識して、振る舞いを調整する**「セルフ・モニタリング」**傾向が強いことや、女性は社会的に、か弱い立場になりがちなので、より評価が高いことば遣いをして、(無意識に)自分の評価を上げようとしていることが理由として挙げられています。

ということは、**敬語は、日本においては評価が高いことばなので、女性は敬語で話すことが多いことが予想**されます。

ちなみに、参考までに、マッチングアプリの「ペアーズ」という会社が独自に行った

アンケート調査を見てみると、タメ口の使い方について社会言語学的にとても面白いことが見えてきます。

マッチングアプリというのは、見知らぬ男女の出会いをアプリ上で提供し、コミュニケーションを行わせるものです。そのやりとりにおいて、**あまりできあがっていない発展段階の関係では、男性の方が敬語を使わなくなるタイミングも早い**ようです。

それは、一般的に、**男性よりも女性の方が異性に対する警戒心が強い**ため、相手との心の距離感が少し遠い敬語を使い続けるということもあるでしょう。男性としては、相手との距離をできるだけ早く詰めたいと思うでしょうから、相手の心のなわばりに入っていく話し方であるタメ口を使うのが早くなるのもうなずけます。

また、このアンケート調査によると、女性の多くは、相手が「敬語をやめよう」と提案するとタメ口を使うことを増やしていくということですので、**お互いの距離を縮めたかったら、男性の方から「敬語をやめよう」と提案する**のが良さそうです。

女性は、思い切ってタメ口を受け入れてみよう

前項で話したように、多くの女性は、**まだ十分に知らない異性に対して、一定の距離を保つ傾向**があります。初対面やあまり親しくない相手に対して、敬語で話すことは、丁寧さや礼儀の表れであると同時に、自然な「バリア」として機能しています。敬語には「私はあなたのなわばりに踏み込みすぎませんよ」という無言のメッセージが含まれ、敬意や配慮を示しながらも必要以上に近づきすぎないための境界線を保つことができるわけです。

この敬語によるバリアは、年上・年下を問わず、多くの女性にとって安心感を与えるものであり、相手との関係性が進んだ後でも、敬語を使い続けることを「楽」と感じる人も少なくありません。敬語は適度な距離感を保ちながら会話ができるため、**特に異性間でのやりとりにおいて心理的な安全地帯を確保する手段**となります。

一方で、敬語がもたらす距離感は、親しい関係を徐々につくり上げていく上では障害

になる場合もあります。相手が関係の発展を望んでいる場合、敬語を使い続けることで互いの間に無意識の壁をつくってしまい、親密になる機会を逃してしまうこともあるかもしれません。ですから、もし、相手が「もう少し近くなりたい」「より自然に接したい」という「親しみの証」としてタメ口で話し掛けてきた場合には、**意識してその試みに応じることで、関係をより親密でリラックスしたものに変化**させることができます。

敬語やタメ口の使い分けは、異性間の関係性や距離感を表す重要な要素です。相手がタメ口で話し掛けてきた場合は、その試みを受け入れて会話を対等にすることで、互いの心の距離が縮まりやすくなることもあるでしょう。**適切なことば遣いの調整が、信頼関係を築くための効果的な手段**となり、双方にとって居心地の良い関係を築くことにつながります。

タメ口で話しやすくなる心理的距離の近づけ方

笑顔で相手のなわばりに入る

これまで、タメ口や敬語といったことば遣いそのものに重点をおいて議論をしてきました。しかし、実際のコミュニケーションにおいては、ことば以外の要素、いわゆる非言語情報もとても大切です。そのなかでも「笑顔」は多くの学術研究により、特に相手と良好な関係を築く上での効果的なコミュニケーション手段として、その重要性が指摘されています。**笑顔は相手との距離感を縮め、自然に「なわばり」に入ることを可能にするツール**なのです。

モナーシュ大学のチェンらの研究によれば、**大きな笑顔を向けられると、相手は快適に感じ、心を開きやすくなる**そうです。また、香港浸会大学のラウの研究では、笑顔の人は、より知的であると認識され、**見る人に温かい感情**を与え、より快適に感じさせ、心を開くようにさせる可能性があることが確認されています。

また、笑顔はポジティブな感情を伝えるだけでなく、相手にも同じような行動を引き起こす**「ミラーリング効果」**を生み出すとされています。つまり、自分が笑顔だと相手も自然に笑顔になり、共感や好意を持ちやすくなるのです。

笑顔がもたらすこのような効果は、相手の「なわばり」に入りやすくするための重要な要素です。コミュニケーションにおいて、相手のパーソナルスペースに入る際に警戒感を抱かせてしまうと、その後の会話もぎこちないものになりがちです。しかし、笑顔で話し掛けると、相手は親しみを感じ、警戒心が薄れるため、よりリラックスしたやりとりが可能になります。

さらに、笑顔には**「自己開示」**を促進する効果もあります。笑顔で接することにより、相手は自分の話や本音を引き出されやすくなり、率直な意見交換や感情の共有が生まれます。例えば、ビジネスや友人関係のなかでも、笑顔で相手の話に共感する姿勢を見せることで、自然に相手も心を開きやすくなるのです。このため、笑顔は相手の「なわばり」に入りつつ、**互いの距離を縮めていくための一種の「橋」として機能**します。

さらに、笑顔の効果は、単に相手との関係を築くだけにとどまりません。笑顔を見せると、**脳内で「オキシトシン」「セロトニン」「ドーパミン」や「β‐エンドルフィン」などポジティブな気持ちと関係するホルモンが分泌**され、自分自身もリラックスし、気持ちが前向きになる効果があります。これは笑顔が自己のポジティブな感情を高める効果を持つため、相手だけでなく自分にも良い影響を与え、より自然体でコミュニケーションが取れるようになるのです。

このように、笑顔は強力なコミュニケーションツールであり、敬語やタメ口といったことば遣いの選び方ももちろん重要ですが、それを支える「笑顔」という非言語的な要素を効果的に使うことで、さらに相互の信頼関係が深まります。

タメ口が自然に出やすくなる座る角度

コミュニケーションにおいて、笑顔やジェスチャーなどの非言語的な要素も大切ですが、実は**「座る場所」**という物理的な環境も相手との**心理的な距離を調整**する上で大きな役割を果たしています。

例えば、向かい合って座ると、相手と視線が直接交わりやすく、お互いが「見られている」と意識するため、緊張感が生じることがあります。特に初対面や緊張しやすい場面では、この配置がかえって会話をぎこちなくさせてしまうことがあります。

一方、相手の斜めの位置や横並びで座る場合、視線が合いにくくなり、リラックスした雰囲気が生まれやすくなります。実際、早稲田大学の山口と鈴木による研究でも、**相手の斜めまたは横に座る配置が緊張感を低くし、対面よりも話しやすい環境**を提供することが確認されています。ですから、デートや親密な会話を楽しみたい場合には、テーブルをはさんで正面に座るよりも、**相手の斜めの位置に座れる席**や、**カウンターのように横並びで座れる配置**を選ぶと効果的です。横並びの配置は、相手の視線にロックオンされないために心理的自由度が高まり、緊張度も下がるため、より自然に会話が流れる効果もあります。

さらに、このような座り方を取り入れると、**話しやすさから、ことば遣いも次第にカジュアルになりやすく**なり、**タメロへの移行も自然な流れでできる可能性が高まります。**心理的な距離が縮まることで、相手に対して親しみやすさや安心感が生まれ、より深い信頼関係を築くための土台が整うのです。さらに、**相手の心のバリアが薄くなる**ことで、お互いが話したいことを率直に伝えられるようになり、**会話の密度も向上**します。当然、タメ口も使いやすい環境になりますので、親密度もさらに高まりやすくなります。

このように、**座る場所や向きは、対話の心理的な雰囲気や関係性に影響を与える**ため、どのような場面でどの座り方を選ぶかを意識することが重要です。ちょっとした配置の工夫が、相手との距離感を調整し、心地よいコミュニケーションを生み出す効果的な手段となるのです。

あざといタメロスキル

女性の訛りは効果絶大

かつては、地方から東京に出てきた地域方言話者のアイドルたちは、その地域の訛りが出ないように必死に隠し、標準語で話す練習をしたといいます。90年代くらいから、方言を話すことがその人の個性として受け入れられるようになり、隠す必要がなくなってきました。

厳密にいうと、「訛り」というのは発音上の話で、「方言」というのは包括的な意味と単語レベルなどで標準語と差があることばのことを指します。

女性の訛りは、**相手との距離を縮め、親しみを感じさせる強力な効果**を持っています。タメ口同様、地域方言というのはWEコードで、飾りっ気のない「すっぴんことば」であり、なわばりの「ウチ」側のことばです。ですから、知らない地域方言や訛りであっても、相手は親しみを感じるのです。

女性は、男性よりも方言が出にくく、標準語で話すことが多い傾向があります。**標準語が無標の女性が、訛りや方言を使うことには、「有標」になる**ので、相手の注意を引きやすくなります。ですから、**ほかの人との差別化**も図りやすくなりますし、心にも残りやすくなります。

例えば、東北弁の「～べ」や「～ぺ」といったことばは、独特の柔らかい響きが感じられます。これにより、聞き手には親しみやすさ、素朴さ、安心感、近づきやすさなどを与えます。結果として、聞き手も自然体で会話に応じやすくなり、対等な関係が築きやすくなります。

また、訛りは「ウチ」のことばですから、無意識に「自己開示」を促す効果もあります。標準語のままでは相手に対して距離を置いた印象を与えがちですが、**訛りだと自然体の自分を見せやすくなります**。相手が気を許し、リラックスした関係が築かれることで、親しい関係への一歩が踏み出しやすくなるのです。

「方言コスプレ」で、自分を装う

ことばは、使う人が相手にどう見られたいかという心理を表します。例えば、怒りを表したいときには乱暴で強いことば遣いになりがちですし、逆に上品な人に見られたい場合は、丁寧で洗練されたことばを選びます。日常会話のなかでも、私たちは無意識のうちにことばの選択をして、自分がどう見られたいか、どのような印象を与えたいかを考えながら話しているのです。

このようなことばの使い方のひとつに、**「方言コスプレ」**と呼ばれる現象があります。これは、**自分が演じたいキャラクターに合わせて、あえて特定の方言を使う行為**です。例えば、関西出身でない人が「なんでやねん」とツッコミを入れたり、東北地方の出身でもないのに「しばれるねぇ」といった言い回しを使ったりするケースです。このような方言の使用は、実際の出身地に関係なく、その場の雰囲気を盛り上げたり、自分のキャラクターを演出したりするために行われることが多いのです。

例えば、関西弁を使うことで「お笑いキャラ」を演じたい人もいれば、東北の方言を用いることで「素朴で親しみやすいキャラ」を表現しようとする人もいます。まるでコスプレのように、方言を纏うことで自分のキャラクターを演出するため、この現象を「方言コスプレ」と呼びます。ここでの「コスプレ」ということばは、単に服装ではなく、**ことばという「装い」を使って自分を演出する**ことを意味しています。

興味深いことに、**用いられる方言は必ずしも実際の方言に基づいている必要はありません**。雰囲気さえそれらしく聞こえればよく、複数の方言が混ざり合っていたり、実在

しなかったりする言い回しで構いません。例えば、関西弁と九州弁が混じったようなことばを使っても、聞き手に「親しみやすいキャラ」としての印象を与えることができればいいのです。

普段は標準語を使っている人が、あえて方言やタメ口を使うことで、その場の空気を和ませたり、距離感を縮めたりすることができます。これも一種のキャラクターづくりといえます。例えば、**普段は丁寧な敬語を使う人**が、**あえてくだけたタメ口を使う**と、**「カジュアルな一面を持っている」**という新しい印象を相手に与えることができます。

このように、ことばの使い方は、その場の雰囲気や相手との関係性を変えるための強力なツールです。ことばを「コスプレ」のように使いこなすことで、自分を柔軟に演出し、相手との関係性をより深めることができます。**手っ取り早く親しみやすいキャラクターを演じるために、あえて方言やタメ口を取り入れる**、普段とは異なることば遣いは、コミュニケーションを円滑に進めるための、ひとつの戦略として有効かもしれません。**ことばはただの伝達手段ではなく、自己表現のための道具でもある**のです。

キャラになりきってタメロを使ってみる

バイリンガルとは、学問的な定義では、２つの言語、例えば日本語と英語をネイティブレベルで話す人を指します。彼らを観察していると、**言語を切り替えるときに、まるで人格まで変わるかのような瞬間**があります。英語を話しているときは、より積極的で自己主張が強く、日本語を話しているときは控えめで礼儀正しいといった具合です。

実は、この「ことばによる人格の変化」は、バイリンガルだけでなく、方言話者にもよく見られます。例えば、地方出身者が東京で共通語を話しているときは、穏やかで控えめな印象を与えるのに、地元の方言に切り替えると、急に威勢がよくなったりすることがあります。**ことばを変えることで、その人の内面や性格が変わ（ったように見え）る**のです。

この現象は、**社交が苦手な人にとっても有効なヒント**となるかもしれません。ことばを変えることで、普段の自分とは少し違った「新しい自分」を演じることができるからです。例えば、標準語での会話に苦手意識がある人が、自分の地元の方言を意識的に使うことで、よりリラックスして話せるようになることがあります。ことば自体が持つリズムやイントネーションが、自信を引き出す助けとなり、自然体で会話ができるようになります。

また、これは単に方言だけに限らず、**話し方やトーンを変える**ことでも効果があります。例えば、ゆっくり話してみる、低い声で話してみる、などです。ことばが持つ変化の「チカラ」を意識的に活用することで、コミュニケーションに対する不安を軽減し、自分をより自由に表現できるようになります。

ことばはただのツールではなく、**私たちの内面に影響を与える「スイッチ」のような役割を果たしている**のです。勇気を持ってことばのスタイルを変えてみることで、今までとは違う自分を演じてみてください。

第7章

世代間ギャップを埋める メッセージの送り方

メッセージで距離を縮める方法

メッセージでタメ口を使ってみる

対面での会話でタメ口に切り替えるのが難しいと感じる人は多いかもしれませんが、LINEなどのメッセージのやりとりでは、その**ハードルがぐっと下がる**ことがあります。特に**テキストベースのコミュニケーション**では、**敬語とタメ口の切り替えが柔軟に行われやすく**、対面ではなかなか言えないことばも自然に使える場面が増えます。

メッセージのやりとりでは、自分のことばをじっくりと考える時間があります。対面の会話では、その場で瞬時に反応する必要がある上に、うまく反応できなかったりと、どうしても敬語が無難な選択となりがちです。しかしメッセージの場合は、一度文章を考え直してから送信できるため、相手の関係性や状況に応じたことば遣いを調整する余裕が生まれます。

スタンプにタメ口を代弁してもらう

そして、メッセージのやりとりでは、**多くの非言語情報が省略**されます。顔の表情や声のトーンといった情報がないため、**相手に誤解されるリスク**もありますが、使い方によっては、表現の自由度が増します。例えば、絵文字や顔文字、スタンプといったツールを活用することで、失われがちな非言語情報を補い、場合によっては対面コミュニケーション以上に相手に柔らかい印象を与えます。

特にスタンプは、相手との距離を縮めるための効果的なアイテムです。スタンプのセリフは、**あくまでそのキャラクターが発していることば**であり、**自分自身の発言として受け取られにくい**という特徴があります。これにより、普段なら使いづらいタメ口も、スタンプを通じて間接的に伝えることで、相手に違和感なく受け入れてもらえるのです。「ありがとう！」の代わりにスタンプを送るだけで、**敬語の硬さを和らげ、親しみやすい雰囲気をつくり出す**ことができます。

メッセージで行われるコード・スイッチング

さらに、メッセージでは**「カジュアルな会話」と「真面目な話」の切り替え**も比較的スムーズです。例えば、**普段はスラングやネタの応酬でタメ口を使い**ながらも、**仕事の話や重要な内容になると自然と敬語に戻る**というスタイルが、特に若い世代の間では一般的です。この柔軟な使い分けが、メッセージのなかではより簡単に実現できるのです。対面の会話では、こういった切り替えが難しいことも多いのですが、メッセージではその切り替えがスムーズに行えるため、ストレスなく相手とのコミュニケーションが進められます。

こうして見ると、メッセージのやりとりは、対面の会話に比べて心理的な負担が少なく、**タメ口を使いやすい環境**を提供してくれることがわかります。絵文字やスタンプを活用し、カジュアルなことば遣いを適度に混ぜることで、相手との距離を縮めることができるのです。メッセージのやりとりは、相手との関係性をより親密にするための貴重なツールとして活用できるのではないでしょうか。

メッセージ上の世代間ギャップとタメロ

絵文字の多用はNG

かつて、顔文字や絵文字は若者の間で流行し、メッセージに温かさや親しみを加えるための手段として使われていました。これらは、**ことばだけでは表現しきれない感情やニュアンスを伝える**ため、特に**ラポート・トーク（親密な関係を築くための会話）の一環**として活用されていました。

しかし、現在の10代や20代にとって、絵文字や顔文字は必ずしもその役割を果たしているわけではなく、むしろ**世代間の感覚の違いを象徴**するものとなっています。

もともと、顔文字や絵文字は若者の文化として登場しました。しかし、上の世代が、若者に合わせようと積極的に使い始めたのです。これは、**世代間の距離を縮めるための努力**として、あるいは自身の若さの演出として、若者のスタイルに寄せる行動でした。

親や職場の上司が若者とのコミュニケーションを円滑にするために、あえてカジュアルな感じを演出するために顔文字や絵文字を多用し始めたのです。

しかし、ここで**逆転現象**が起こりました。上の世代が過剰に（実際の若者が使う以上に!!）絵文字や顔文字を使い始めたことで、その文体がむしろ「おじさん／おばさん臭い」と若者に感じられるようになったのです。真似をしようとして本物以上にその特徴が強く出てしまうことを**「過剰矯正」**と呼ぶのですが、まさにその好例です。

この現象は、言語や表現の流行が世代間でどのように変遷していくかをよく表しています。若者の文化が上の世代に取り入れられると、それが**逆に「若者らしさ」を失い、若者自身がそのスタイルを避ける**ようになるのです。今の10代や20代は、過剰な絵文字や顔文字を使うことを避け、より**シンプルで洗練されたメッセージを好む**傾向があります。句点の「。」でさえ使わないのがトレンドです。**若者が送るメッセージはよりクールでミニマリストなスタイル**へとシフトしているのです。

結局、コミュニケーションのツールやスタイルは、世代ごとに独自の変化を遂げていきます。これからも、世代を超えたコミュニケーションの変化は続いていくでしょう。若者のことば遣いを上の世代が取り入れることで、新たなスタイルが生まれる一方、若者たちはさらに新しい表現を模索し続けるのです。それが、**国境を問わず、そして、時代を問わず、世の中で起こり続けている言語の現象**なのです。

「！」は無言のプレッシャーを生み出す

最近のメッセージのやりとりでは、**感嘆符（ビックリマーク）「！」の使い方が意外な悩みの種**となっているようです。絵文字を多用するとキラキラしすぎに感じる一方、何もつけないとメッセージがそっけなく見えてしまう。そんなときに便利なツールとして、ビックリマークを使う人も多いのではないでしょうか。最近では、ビジネスメールでもビックリマークを見かけるようになりました。しかし、ビックリマークは、一部の人には**「圧」を感じさせる要素**になっているのです。

ビックリマークが「圧」を感じさせる理由は、メッセージを受け取った側が、そこから**「過剰なアピール」や「元気すぎる」という無言のプレッシャーや暑苦しさなどを受け取るから**のようです。

例えば、「ありがとう！」とビックリマークを添えたメッセージは、嬉しさや感謝の気持ちを伝えるために便利です。しかし、それが頻繁に使われると、相手にとっては妙な圧力を感じさせることがあるのです。特に**内向的な人や控えめな表現を好む人には、ビックリマークが過度な強調**と感じられることもあるようです。

「！」の多用を避けて、心の距離を調節する

改善策としては、まず、すべての人がビックリマークをポジティブに受け取るわけではなく、むしろ圧力と感じる場合があることを意識しておきましょう。特に、相手があまりビックリマークを使わない人であれば、こちらもそれに合わせて**メッセージのトーンを調整する**必要があるでしょう。

また、ビックリマークを使う頻度や場面を見直すことも効果的です。すべてのメッセージにビックリマークをつけるのではなく、本当に強調したい場面に限定することで、その効果をより効果的に伝えることができます。例えば、「ありがとう！」と特別な感謝を伝えたいときだけにビックリマークを使い、それ以外はシンプルな表現に留めることで、相手にとっても自然で心地よいコミュニケーションが生まれるでしょう。

メッセージのやりとりは、相手に合わせた柔軟な対応が求められるものです。**心の距離を調節するためには、ビックリマークの多用はとりあえず避けておく**ことが無難なようです。

句点をつけないメッセージが好まれる理由

最近、若者の間では、**メッセージに句点の「。」を使わない**傾向が広がっています。句点があると、圧を感じるという人までいます。どうして避けられるようになったのでしょうか？

まず、**若者はメッセージを「会話の延長」**として捉えており、**口語的な表現を重視**するため、あえて句点を省くことが多いのです。対面の会話では、文を句点で区切ることはなく、自然な流れで話します。句点を入れると、どうしても文章感や正式感が出てしまいます。ですから、メッセージでも句点を入れない方が、会話がより普段通りでカジュアルに感じられ、相手との距離感を縮める効果が期待できるわけです。また、**メッセージは「文書」ではないので、句点はいらない**と考えている人も多いようです。

これに加え、**効率性も句点を使わない理由**に関わっています。若者は、メッセージをできるだけ手軽に短時間で送信したいと考えており、句点を省くことで、ごくわずかですが、手早くやりとりが進められます。

さらに、情報過多の現代においては、**簡潔で無駄のないメッセージが好まれる**ため、句点を省略することで、文章がよりコンパクトになり、視覚的にも読みやすくなります。

句点は冷たい印象を与える

一方で、句点を使わないことには心理的な理由もあります。句点をつけることで、メッセージが文法的に「完結」してしまい、**相手に冷たい印象を与える**ことがあるからです。**特に親しい友人同士では、句点が会話のリズムを断ち切る**ように感じられるため、あえて使わない方が、会話がスムーズに進むのです。句点のないメッセージは、より柔らかく、**相手にフレンドリーな印象を与える手段**として機能しています。

このように、若者がメッセージで句点を避けるのは、口語的な親しみやすさ、効率性、そして感情的なニュアンスを考慮した結果と言えるでしょう。句点を省略するスタイルは、世代ごとに異なるコミュニケーションの価値観を反映しており、デジタル時代ならではの表現の進化を象徴しています。とはいえ、**フォーマルな場面では句点を使い分けるスキルも依然として重要**です。このような、ことばの捉え方の変化を理解しつつ、相手に合わせたメッセージの書き方を意識することで、より良いコミュニケーションが築けるのではないでしょうか。

年上が年下に「それな！」と送られても悪い気はしない？

年下からのカジュアルなメッセージに対して、年上の人がどのように感じるかが話題になることがあります。「それな！」や「うえええええ」といったメッセージが、若者の間では感情を手軽に伝える手段として使われています。職場や日常のやりとりでも、こうしたカジュアルなことばが飛び交うようになってきましたが、これを年上の人がどう受け取るかは、意外と世代や状況によって違いがあります。

40代のある女性は、職場の年下の同僚から「それな！」といったカジュアルなメッセージが来ても、むしろ**親しみを感じて嬉しい**と思うことが多いと言います。短いメッセージやスタンプに敬語とタメ口が混ざっている場合、年齢を感じさせないように、逆に気を使ってくれているのだなと**好意的に受け取る**そうです。

一方で、タメ口がトラブルの原因となるケースも存在します。例えば、東京の白金高輪駅で発生した事件では、被害者と加害者の間で「タメ口」がきっかけのひとつとして挙げられています。被害者が大学時代にタメ口を使ったことで、年上であった加害者の怒りを買い、それがトラブルの引き金になったといわれています。このケースでは、年次や立場の違いが絡み合い、**「タメロ」が敬意の欠如と受け取られ、**深刻な対立に発展した可能性が示唆されています。

こうした対照的な事例を見ると、年下から年上に対してタメ口を使うことの影響は、ポジティブにもネガティブにもなりうるということがわかります。メッセージの文脈や相手の性格、関係性によって、同じ「それな！」ということばも、親しみを表現するものとして受け取られる場合もあれば、逆に不快感を与えてしまう場合もあるのです。

短文のメッセージやスタンプでのやりとりでは、**相手がカジュアルなやりとりを歓迎するかどうかを見極めることが重要**です。

現代のコミュニケーションは、テキストメッセージやSNSを通じたやりとりが主流になっており、**ことばのニュアンスや敬意をどのように表現するかが難しくなっていま**

す。特に短文メッセージでは、顔の表情や声のトーンといった非言語的な情報が欠けているため、**受け取り方は相手次第**です。若者にとってはカジュアルなタメ口が「親しみ」を意味していても、年上の相手がそれをどう感じるかは予測しにくいものです。

結局のところ、「それな！」のようなカジュアルな表現がうまく受け入れられるかどうかは、**双方の信頼関係や相手への理解がどれだけあるか**にかかっています。年下が年上に対して親しみを込めてタメ口を使う場合でも、その意図がしっかり伝わるように、相手の反応を見極めながら柔軟に対応することが大切です。コミュニケーションの手段が増える現代だからこそ、お互いの意図を理解し合う工夫が求められているのです。

特別コラム

ことばのプロファイリング

本書ではタメ口や敬語など、口語として使われることばを紹介してきましたが、近年、ことばは、人の行動を分析するプロファイリングのツールとして、さまざまな場面で活用されています。プロファイリング（profiling）というのは、個人や集団の特徴を特定するために、その行動パターンやことばなどを分析する手法です。ことばのプロファイリングの場合は、話されたことばや書かれたテキストから、話者や書き手が、どのような人物かという、その人物像を浮き上がらせます。

一般的にプロファイリングには、「地理的プロファイリング」と「社会的プロファイリング」があります。前者は、話者・書き手がどの地域の出身の人なのかを分析するものであり、後者は、話者・書き手がどのような年齢、性別、性格、職業、社会層、教育レベルの人なのかなど、社会的な属性や行動に基づいてプロファイルを作成します。

地理的プロファイリングは、例えば、日本語においては、地域の方言差が大きいので、**関西弁や東北弁といった方言を通じて、その話者がどの地域から来たのかをある程度特定できます**。イギリスなどでは、連続殺人犯の出身地を、録音された電話口の声にあらわれた方言的特徴から直径500mの地域にまで特定し、実際にそこから犯人が見つかり、逮捕に至ったという事例があります。

一方、社会的プロファイリングでは、**話者のことばからその社会的属性や心理的特徴を読み取ります**。例えば、ソーシャルメディアの投稿やブログ記事などの書かれたテキストを分析することで、その人の年齢層や性別などだけでなく、**感情の傾向**、さらには**精神的な健康状態**までをも推測することが可能です。

近年では、AI（人工知能）やNLP（自然言語処理）の技術が発展し、**テキストマイニングによるプロファイリング**がますます実用化されています。また、企業においては、顧客のレビューやフィードバックを分析することで、顧客のプロファイリングと共にニーズや不満を特定し、より効果的なマーケティング戦略を立案することが可能です。

さらに、ＳＮＳ上の投稿を分析することで、社会のトレンドや世論の動向を把握し、政策決定や社会問題の解決に役立てることも期待されています。例えば、**ある特定の地域で増加しているキーワードを追跡**することで、**その地域特有の問題やニーズを迅速に把握する**ことが可能となります。

しかし、その一方で、プライバシー保護や倫理的な課題に対処することも不可欠です。今後、ことばを用いたプロファイリングが多様な分野での応用を広げていくためには、科学的な精度と倫理的な配慮の両立が求められるでしょう。

こういったプロファイリングの例が示すように、ことばは、その人の鏡です。どんなことばを使うかがその人そのものを映し出します。自分を演出するためにどんなことばを使っていくか、しっかりと考えて実行に移していくことで新しい未来が開けていくでしょう！

おわりに

最後までお読みいただき、本当にありがとうございました。「タメ口」という一見カジュアルなことば遣いが、これほどまでに人間関係や心理に深く関わっていることに驚かれた方もいらっしゃるかもしれません。日々の会話の中で無意識に選んでいることばが、実は相手との距離感や信頼感に大きな影響を与えている――。そのことを少しでも実感いただけたなら、この本を書いた意味があったと思います。

私たちは、ことばで誰かとつながり、ことばで距離を縮め、そしてときに、ことばで失敗します。「もっと上手に話せたら」「どうしてあんなことを言ってしまったんだろう」と悩んだ経験は誰にでもあると思います。私自身、言語学を研究しながらも、ことばの選び方に失敗したり、後悔したりすることがしょっちゅうです。でも、そんな失敗も含めて、ことばは関係性を育むものだと思っています。

誰にでも効果のある特効薬が存在しないのと同様に、ここでご紹介したコミュニケーションの訪略も、誰もが同じように使えて、同じように効果があるものでありません。

効果がある相手とない相手なども当然いると思います。さまざまな方法を試行錯誤しながら採り入れ、自分なりの「カスタマイズ」や調整をしていくことが大切なのです。

究極的には、タメ口でも敬語でも、相手を思いやる気持ちがあれば、きっと大丈夫です。自信を持って、愛を持って接する。たとえうまくいかないことがあっても、ことばは、いくらでもやり直しがきくものですし、時間をかけて上達していけばいいのです。

最後に、こんなことばの話が好きな筆者と一緒に、ことばを探求する旅をしていただけたことに心から感謝しています。この本が、あなたの毎日のコミュニケーションをちょっと楽しく、そして少しだけ優しいものにするお手伝いになれたなら幸いです。これから先、日々の会話の中で「この人ともっと仲良くなりたいな」と思ったとき、本書を思い出してもらえたら嬉しいです。

これからも、ことばのチカラでたくさんの人とつながり、心温まる関係を築いてください。あなたのことばが、誰かの一日をちょっと明るく照らす魔法になることを願っています。そしていつか、みなさんとどこかで「タメ口」まじりでお話しできる日を楽しみにしています。

· Gumperz, J. (1982). *Discourse Strategies*. Cambridge: Cambridge University Press.
· Harada. Shin-Ichi (1976) Honorifics. M. Shibatani ed., *Syntax and Semantics*, 5, 499-561. New York: Academic Press.
· 平松隆円 (2011).「男性による化粧行動としてのマニキュア塗抹がもたらす感情状態の変化に関する研究」. 佛教大学教育学部学会紀要, 佛教大学教育学部学会, 10, 175-181.
· 神尾昭雄(1990).『情報のなわ張り理論』大修館書店.
· 神尾昭雄(2002).『続・情報のなわ張り理論』大修館書店.
· 川名好裕(1986).「対話状況における聞き手の相づちが対人魅力に及ぼす効果」. 実験社会心理学研究, 26(1), 67-76.
· LaFrance, M. (2011). *Why Smile?: The Science behind Facial Expressions*. WW Norton & Company.
· Lau, S. (1982). The Effect of Smiling on Person Perception. *Journal of Social Psychology*, 117, 63-67.
· 中村雅彦 (1986).「自己開示の対人魅力に及ぼす効果 (2)」. 実験社会心理学研究, 25(2), 107-114.
· McCawley, J. D. (1985). Kuhnian paradigms as systems of markedness conventions. In A. Makkai & A. Melby (eds.), *Linguistics and Philosophy: Studies in Honor of Rulon S. Wells*, Amsterdam: Benjamins, 23-43.
· 森田良行 (2002).『日本語文法の発想』ひつじ書房.
· 村田勇三郎(1982).『機能英文法』大修館書店.
· 田中ゆかり(2011).『「方言コスプレ」の時代―ニセ関西弁から龍馬語まで―』岩波書店.
· 山口創, 鈴木晶夫(1996).「座席配置が気分に及ぼす効果に関する実験的研究」.実験社会心理学研究.日本グループ・ダイナミックス学会編, 36(2), 219-229.
· 余語真夫, 浜治世, 津田兼六, 鈴木ゆかり, 互恵子 (1990).「女性の精神的健康に与える化粧の効用」. 健康心理学研究, 3(1), 28-32.
· サイボウズ チームワーク総研(2023).「年上の部下へのマネジメント」.
· 株式会社コレック(2024).「ペアーズに関する意識調査アンケート」.

参考文献

- Aron, A., Melinat, E., Aron, E. N., Vallone, R. D., & Bator, R. J. (1997). The Experimental Generation of Interpersonal Closeness: A Procedure and Some Preliminary Findings. *Personality and Social Psychology Bulletin*, 23(4), 363-377.
- Aronson, E., & Linder, D. (1965). Gain and Loss of Esteem as Determinants of Interpersonal Attractiveness. *Journal of Experimental Social Psychology*, 1, 156-171.
- Austin, J. L. (1962). *How to Do Things with Words*. Cambridge: Harvard University Press.
- 東照二(1994). 『丁寧な英語・失礼な英語 英語のポライトネス・ストラテジー』. 研究社.
- 東照二(2009).『社会言語学入門 生きた言葉のおもしろさに迫る』. 研究社.
- Bell, A. (1984). Language Style as Audience Design. In Coupland, N. and A. Jaworski (1997, eds.) *Sociolinguistics: a Reader and Coursebook*, 240-50. New York: St Martin's Press Inc.
- Bernstein, B. (1971). *Theoretical Studies Towards A Sociology Of Language*. London: Routledge & Kegan Paul.
- Brooks, A. W. (2013). Get Excited: Reappraising Pre-Performance Anxiety as Excitement. *Journal of Experimental Psychology: General*, 143 (3), 1144-58.
- Brown, P. & Levinson, S. C. (1987). *Politeness: Some Universals in Language Usage*. Cambridge: Cambridge University Press.
- 土居裕和(2012).「化粧がもつ自尊心昂揚効果に関する発達脳科学的研究」. *Cosmetology: Annual Report of Cosmetology*, 20, 159-162.
- Goffman, E. (1967). On Face-Work. In Goffman, E., ed., *Interaction Ritual*, 5-45, Pantheon, New York.
- Grice, H. P. (1975). Logic and Conversation. In Peter Cole and Jerry L. Morgan, eds., *Syntax and Semantics*, Vol. 3, Speech Acts, 41-58, New York: Academic Press.
- Gumpertz, J. (1982). *Language and Social Identity*. Cambridge: Cambridge University Press.

堀田秀吾（ほった しゅうご）

明治大学法学部教授。言語学博士。熊本県生まれ。シカゴ大学言語学部博士課程修了。ヨーク大学ロースクール修士課程修了・博士課程単位取得退学。専門は、司法におけるコミュニケーションの科学的分析。言語学、法学、社会心理学、脳科学などのさまざまな分野を横断した研究を展開している。テレビ番組のコメンテーターのほか、雑誌、WEBなどでも連載を持つ。著書に『世界の研究101から導いた科学的に運気を上げる方法』（飛鳥新社）、『12歳から始める心が折れない技術―着実にやりぬく めげずに立ち直る』（秀和システム）などがある。

戦略的タメロ

結局、コミュ力の高い人がすべてを手に入れる

2025年1月24日　第1版第1刷発行

著者 ―― 堀田秀吾
デザイン ― 鈴木大輔・仲條世菜（ソウルデザイン）
イラスト ― 松尾麗子
校正 ―― パーソルメディアスイッチ株式会社

発行所 ― 株式会社WAVE出版
〒136-0082　東京都江東区新木場1-18-11
振替　00100-7-366376
E-mail　info@wave-publishers.co.jp
ホームページ　https://www.wave-publishers.co.jp

印刷・製本 ‐ 中央精版印刷株式会社

NDC809　239P　19cm　ISBN978-4-86621-500-6